W0315307

Eva Zeller
Die Lutherin

Eva Zeller

Die Lutherin

Spurensuche nach Katharina von Bora

Deutsche Verlags-Anstalt
Stuttgart

Die Deutsche Bibliothek – CIP-Einheitsaufnahme

Zeller, Eva:
Die Lutherin : Spurensuche nach
Katharina von Bora / Eva Zeller. – 3. Aufl. –
Stuttgart : Deutsche Verlags-Anstalt, 1996
ISBN 3-421-05023-6

3. Auflage 1996
© 1996 Deutsche Verlags-Anstalt GmbH, Stuttgart
Alle Rechte vorbehalten
Satz: Uhl + Massopust GmbH, Aalen
Druck und Bindearbeit: Clausen & Bosse, Leck
Printed in Germany
ISBN 3-421-05023-6

Nichts ist zarter als die Vergangenheit,
rühre sie an wie ein glühend Eisen.

Goethe

Ich wollte meine Käthe nicht um ganz Frankreich
und Venedig mehr hergeben, darum weil
Gott sie mir geschenkt und mich ihr gegeben hat.

Martin Luther in den »Tischreden«

Die Reliquie ist heute nicht mehr im Kreismuseum Grimma in der Paul-Gerhardt-Straße zu besichtigen: der kleine, weißseidene Schuh in einem Glaskasten. Früher wurde Touristen die Geschichte im Märchenton aufgetischt: Es war einmal eine Nonne, die hieß Katharina von Bora. Sie floh in der Osternacht des Jahres 1523 aus dem Kloster Mariathron bei Nimbschen und verlor dabei einen Schuh.

Um das Kloster haben sich vor Zeiten Eichen- und Buchenwälder in alle vier Himmelsrichtungen erstreckt und Brennholz, Pilze und Beeren geliefert. Jetzt ist der Wald an den Horizont gerückt; langhinfließende Roggen- und Kartoffelfelder säumen die Chaussee zu beiden Seiten.

Eine Schafherde kommt mir entgegen. Die eng aneinandergedrückten schwarz- und weißgesichtigen Tiere geben den Weg für mein Auto nicht frei. Von Schafen umflossen warte ich geduldig. Der Schäfer nickt mir stumm zu. Seine beiden Hunde umkreisen uns, ohne zu bellen; ein fast biblisches Bild, wären nicht die Kondensstreifen der kleinen, silbernen Flugzeuge am wolkenfreien Himmel zu sehen.

Als sich die hohe Staubwolke hinter der Herde langsam verzieht, wird das Kloster sichtbar, unverkennbar noch in der Zerstörung, vollkommen bloßgestellt und in sich versunken.

Beim Umwandern der Mauern stoße ich an einen Brunnenrand, ein Halbrund nur noch, der Rest ist von Wurzeln gesprengt. Daneben ein Teich, ein Tümpel, eine bessere Pfütze, das Wasser trübe von Kaulquappen. Hier wächst Kapuzinerkresse; die roten Kapuzenhütchen leuchten.

Ich finde einen Torbogen, durch den ich in die Ruine eintreten kann. Einzelne Eichen und Buchen, vom Blitz ausgelichtet, erinnern an die verschwundenen Wälder. Die Bäume überragen die weitauseinandergezogenen Umfassungsmauern und die stehengebliebene spitzgiebige Fassade. Ohne zu sehen, wohin ich trete, gehe ich durch weiches, langes Gras. Eine nur ertastbare Spur mit pilgerpfadähnlichen Treppchen führt mich zu einem Mauervorsprung. Das Moospolster lädt zum Sitzen ein. Ich entfalte den Lageplan und stelle fest, daß ich in der ehemaligen Küche auf dem Spülstein Platz genommen habe, zurückversetzt an das Herdfeuer, das nachts nicht ausgehn durfte. Zu meinen Füßen haben Wurzeln Steine aufgehoben und weggewälzt. Über mir eine Fensteröffnung mit Vorhängen aus schlängelndem Efeu, Hopfen und weißen Trichterwinden.

Das Blöken der Schafe ist verstummt. Die Flugzeuge fliegen zu hoch, als daß man den Düsenlärm hören könnte. Hier unten ist die reinste Idylle. Ameisen krabbeln. Grashüpfer hüpfen. Aus einer Taubnesselblüte kriecht eine Biene zurück, so schwer beladen, daß sie im Flug taumelt. Sie läßt sich neben mir auf dem Moos nieder. Als habe das Licht sie in Bernstein gefaßt, erstarren ihre Fühler, die eben noch die Pollen abgebürstet haben.

Ich mache mir keine Notizen. Was ich nicht vergessen will, spreche ich auf mein Diktiergerät. Auch einen Fotoapparat habe ich nicht mitgebracht, wohl aber meinen Skizzenblock. Ich zeichne das Mauerwerk, wie es sich noch in der Zerstörung kunstvoll zeigt: Steine in unterschiedlichen Formen brauchen einander und halten sich gegenseitig; wo sie sich lockern, greifen Wurzeln ein und zähe Knöterichranken. Aus Spalten und Rissen kriechen Flechten und machen sich draußen als Schlauchpilze breit. An den Steinen kleben gebänderte Schneckenhäuser. Ich sehe eine Eidechse, die an der Mauer klebt, und zeichne ihr graues Gesicht über dem engen Hals, ihre symmetrischen Schuppen und gefalteten Lappen. Sie hängt da wie erstarrt; vielleicht wartet sie darauf, daß ihr abgebrochener Schwanz nachwächst; die verletzliche Flanke atmet, das Herz schlägt sichtbar.

Auf viele Seiten des Skizzenblocks kritzele ich Frauenköpfe aus verschiedenen Perspektiven übereinander, alle mit schräggeschnittenen Augen, sehr hohen Stirnen und mit Katharinas Mund, der mir noch ernster und geheimnisvoller lächelt als die Lippen der Mona Lisa. Was ich da zu Papier bringe, sind Phantombilder, die der Gesuchten nach Zeugenaussagen immer ähnlicher werden sollen, als habe sie mir am Ende Modell gesessen.

Hatte ich gehofft, hier in der sirrenden Stille des Klosters würde die Zeit in Gedankenschnelle zusammenschrumpfen, der Brunnen wieder Wasser spenden, der verlandete Teich seinen Spiegel herzeigen mit dem klaren Bild einer jungen Nonne? Wie groß ist der Abstand von ihr zu mir? Eine Breite, um noch Holüber! rufen zu können?

Der Lageplan zeigt mir, wo Kirche und Kreuzgang standen, wo das Schlafhaus mit den Zellen, der Kapitelsaal im Obergeschoß. Seine Wände mit den sich gegenüberliegenden Fensterreihen stehen rötlich gebrannt in der Sonne. Jemand, der vor mir hier war, hat Steine zu einer Treppe aufgeschichtet, so daß ich bis zu halber

Höhe hinaufsteigen und mich an einem Sims hochziehen kann. Dabei greife ich in Disteln und scharfes irisches Moos wie in eingekittete Glasscherben. Wie auf alten Stichen sehe ich nun die beiden sehr spitzen Türme der Frauenkirche von Grimma.

Irgendwo in diesem Gemäuer muß doch eine Gedenktafel sein, eine Inschrift, die an Katharina erinnert. Erst nach langem Suchen finde ich eine Sandsteinplatte, auf der zu lesen steht, daß Katharina von Bora von 1509 bis 1523 in diesem Kloster weilte. »BEFREIT WURDE SIE DURCH DEN RATSHERRN LEONARD KOPPE AUS TORGAU AM 4. APRIL 1523, VERMÄHLT MIT DR. MARTIN LUTHER ZU WITTENBERG AM 13. JUNI 1525.«

Vierzehn Jahre hinter diesen Mauern. Die vorderen Höfe, wo Scheunen, Ställe, Schlachthaus, Brauhaus, Backhaus und Schmiede standen, waren den Nonnen nicht zugänglich. In einem engen, vorgeschriebenen Kreis bewegten sie sich in löblichem Wandel, dermaßen abgeschieden, daß sie nicht einmal durch die Wälder und das liebliche Tal der Mulde streifen durften.

Wie nähme sich das Kloster aus, wenn ich mit Katharinas Augen zurückblicken könnte? Blickte sie zurück? Oder ließ sie diesen Ort hinter sich, ohne sich noch einmal umzudrehen? Wollte sie nichts mehr zu tun haben mit der Nonne, die sie einmal war? Oder durfte die Vergangenheit noch gelten? Hat sie leichten Herzens Abschied genommen von der weißen Kutte und dem schwarzen Schleier, oder waren die Zisterzienserin und die Lutherin siamesische Zwillinge? Man konnte sie trennen, weil sie zwei Herzen hatten, aber voneinander los kamen sie nie? Fragen über Fragen, die sie mir nicht mehr beantworten kann und die heute kaum noch jemand stellt.

Das Kloster Nimbschen war der Gottesmutter geweiht, die geboren hat und doch Jungfrau blieb. Die inständige Ausrichtung auf das marianische Vorbild sollte die Nonnen einander immer ähnlicher machen, Himmelsbräute, die des Bräutigams warten.

Fand eine sanfte Entmündigung statt, um ja keine Zweifel aufkommen zu lassen? Wie weit ist diese Erziehung in Katharinas Fall gelungen? Konnte sie in den Reihen der Schwestern verschwinden, sich innerhalb ihrer Ebenbilder auflösen? Ich frage in das Mikrophon meines Diktiergerätes, ob die spätere Frau Käthe Luther – Herr Käthe wird ihr Mann sie seufzend nennen – sanftmütig und gefügig sein konnte, diese blitzgescheite, erschreckend tüchtige Person, die den Mut hatte, ihr Leben von Grund auf zu ändern?

Fünfjährig – das ist verbürgt – wurde Katharina von Bora als Kostkind in das Benediktinerinnenkloster Breda verbracht. Da muß ihre Mutter schon tot gewesen sein. In die Obhut von Nonnen gab man Halbwaisen gern, so brauchte man nicht für ihre Erziehung, Verheiratung und Mitgift zu sorgen.

Als Katharina dann vier Jahre später zu den Zisterzienserinnen nach Nimbschen geschickt wurde, hatte sie schon mehr gelernt als andere Mädchen ihrer Zeit, war des Lesens und Schreibens kundig, sang das Alleluja, das Kyrie eleison und das Et cum spirituo und noch manches liturgische, unübersetzte Latein, kannte sich aus im Leben des heiligen Benedikt von Nursia und seiner Schwester Scholastica und in Heiligenlegenden die Menge; war unterwiesen, das Jüngferlein, in Sitte und Anstand, gewohnt an klösterliche Ordnung und Zucht. Hier in Mariathron lebte man nach noch asketischeren Benediktinerregeln als in Breda. Falls es heimliche Tränen gegeben haben sollte, Heimweh, Stoßgebete eines kleinen verlassenen Kindes, wurden ihm Trostworte in den Mund gelegt.

Hierhergeschickt werden, stelle ich mir vor, war vielleicht ein unentrinnbares Verhängnis. Benediktinerin, Zisterzienserin werden aber war keine ziellose Erwartung; eine Erwählung war's, in den angesehensten Orden der Zeit aufgenommen zu sein, einen Orden, den die Geschichte den Erzieher Europas nennen wird.

Ich suche und finde den Platz, wo sich Torhaus und Pforte befunden haben. Ein Wagen rollte von Grimma her und hielt an dieser Stelle. Eine neunjährige Schülerin wurde von Breda in die Mägdeleinschule gebracht, keine unbekannte, mitnichten; die Äbtissin hier war eine Haukwitz, eine Verwandte von Katharinas frühverstorbener Mutter; und auch die Siechenmeisterin Magdalene war eine Muhme des Kindes. Willkommen, Katharina, wie du doch deiner seligen Mutter ähnlich siehst. Gott segne deinen Eingang und Ausgang in Ewigkeit Amen.

Hinter diesen Mauern hat Katharina unter Aufsicht einer erfahrenen Novizenmeisterin das Gehen und Stehen gelernt, das Niederknien und Sichbekreuzigen. So steckt man den Schleier. So verbirgt man die Hände in den Kuttenärmeln. So begrüßt man die ehrwürdige Mutter. So bestickt man Meßgewänder und Altardecken und seidene Hüllen für die unschätzbaren Kleinodien, deren das Kloster sich rühmte: Strähnen vom Barte Christi, ein Bröckchen vom essiggetränkten Schwamm, den man dem Schmerzensmann reichte, ein Haar vom Haupt der Heiligen Jungfrau, ein Fläschchen mit Liebfrauenmilch. Urkunden verbürgten die Echtheit aller Reliquien. Während der Handarbeitsstunden wurden Heiligenlegenden vorgelesen, bis das wieder und wieder Gehörte kein Kopfzerbrechen mehr machte.

Zwischen den abschirmenden Mauern staut sich die Hitze. Die Luft vibriert vom Flügelschlag schwärmender Insekten, übertönt vom hohen, mit den Beinen gegeigten Grillenlied und von Vogelrufen aus den Bäumen. Der fromme Singsang ist hier zurückgeblieben, die Matutin und die Terz, die Sext und die Nona, Vesper, Komplet und Confiteor, siebenmal am Tag psalmodierend gesungen und gebetet; wer eine Silbe nicht recht ausbetete, wurde zu strengem Fasten verurteilt. Zurückgeblieben ist hier das Schweigen, denn für viele Stunden des Tages galt das Redeverbot; wer es brach und gedankenlos daherschwätzte, würde über jedes unnütze Wort Rechenschaft ablegen müssen im Jüngsten Gericht.

Es gibt viele Bilder von der Wittenberger Lutherin, aber kein einziges von der jungen Katharina, die hier gelebt hat; die könnte zu manchem von Horst Janssens Mädchenbildern Modell gesessen haben. Diese kolorierten Federzeichnungen sehen aus, als habe der große Pathetiker, dem es immer um Sein oder Nichtsein ging, die Bora vor Augen gehabt. Janssen, dem nach seinen eigenen Worten die ganze Gesellschaft längst vergangener Zeiten im Nacken saß, hätte das beherzte, zur Flucht bereite Frauenzimmer so gesehen, mit solchen schwungvollen Brauen über den schräggeschnittenen Augen und mit dem feingezeichneten, entschlossenen Mund. Ich gebe es auf, sie in Kutte und Schleier zeichnen zu wollen; auf meinem Skizzenblock sieht sie einem Gespenst ähnlicher als einem Menschen aus Fleisch und Blut.

Fleisch und Blut? *Ich halte aber dafür, daß man Maidlein, die geistlich hatten werden müssen, ehe sie denn recht gefühlt, was Fleisch und Blut sei, flugs wieder herausreißen soll aus den hohen Mauern, hinter denen das liebe Evangelium leider selten oder gar nicht mehr gehört wird.* Ja, eine hohe Not und Tyrannei wurde die Abschiebung kleiner Mädchen in die Klöster genannt. Einen gewissen Doktor Luther erbarmte das Weinen der Kinder, die ja nicht Klötze und Stöcke seien, wenn sie auch tapfer das Regnum mundi sängen.

Durch nichts als Lutherworte wurde diese Bora aus dem Kloster gerissen, wortwörtlich gerissen aus den hohen Mauern, hinter denen sie etwas vermißt haben muß über allen Geboten und Gepflogenheiten und kalt geschriebenen Statuten, die man hochhalten sollte und die doch nichts zustande brachten. *Ohn Unterlaß beten, Rosenkranzringlein ziehn, alle Heiligen um Fürbitten anrufen, fasten, beichten und um nichts als gute Werke sich grämen, gezwungen und gedrungen sein bei Tag und Nacht, als könne man den himmlischen Vater damit bezahlen ...* solcherlei Tun nannte da einer allen Ernstes gottlos. Es schreie aber die Seele nach nichts mehr als nach dem Gotteswort. Das Wort sie sollen lassen stahn. Um das Wort ging es ihm; wo einer das habe, brauche ihm nicht bange zu sein um Genüge, Friede, Freude, Gerechtigkeit, Freiheit und alles Gute überschwenglich.

Wenn einen solchen Gedanken auch um Traditionen und Sicherheiten brachten, waren sie doch mehr wert als alle Regeln und Vorschriften zusammen. Diese Sätze mußten erst einmal dasein, Paukenschläge, nach denen nichts mehr war, wie es gewesen. Nun erst weiß man: Das hat gefehlt.

Eine Art metaphysischer Überfall muß der jungen Nonne widerfahren sein, der den Geschmack jeden neuen Tages veränderte. Längst bevor sie sich trafen, war Luther schon Katharinas Fürsprecher und Nothelfer und Wegbereiter. Längst bevor er sie zu seiner Frau machte, war sie schon auf seinen Traum von der Freiheit eines Christenmenschen eingeschworen. Luther. Ein Name. Ein Versprechen. Ehe sie sein Haus betrat, hatte er ihr Herz schon hingenommen.

Dieser aufbegehrende, skandalöse Mensch mit dem Stigma des Störenfrieds stellte alles Dagewesene in den Schatten. Was schreibt er da? Die neue Freiheit sei eine Entbindung von allen Gesetzen und Werken und Geboten, deren viele seien und doch keins nütze für den rechten Glauben. Konnte Katharina ihren Augen trauen? Auf was sie sich soviel zugute gehalten hat, auf ihre Gelübde, ihre Bußübungen, ihre Armut und Keuschheit und Selbstverleugnung – das sollte mit einem Mal ein sauer gequält Ding sein, ebenso fromm wie folgenlos? Zuviel und zuwenig? Gleisnerei wurde es nun genannt, Geschwärm und Gewürm des päpstlichen Regiments, das rips, raps verschwinden würde, wenn man nur Christus in die Kirche zurückholen und zugeben würde, daß er die Welt zutiefst erschreckt hat mit seiner Forderung, auf Macht und Glanz zu verzichten.

Auf was für Umwegen aber gelangten trotz strenger Aufsicht der Oberen Flugblätter und Kampfschriften bis hierher ins entlegene Nimbschen? Wie hat man sich das vorzustellen? Wurden sie von Schäfern eingeschmuggelt, wenn sie die Wolle der klostereigenen Schafherden ablieferten, von Ackerknechten, die Rüben, Kohl und Hopfen, von Müllern, die das Mehl zum Brotbacken brachten? In einem Sack vielleicht, zwischen Rüben, Kohl und Hopfen oder im feingekräuselten Flaum der Schafwolle, im steifen Oberhaar, aus dem Kletten und Dornen herausgeklaubt werden mußten, fand sich handgeschrieben oder gedruckt, was die Gemüter so erregen sollte. Trug gar einer der beiden Beichtväter verbotene Nachrichten unter der Kutte? Nur wenn eine der Nonnen erkrankt war oder im Sterben lag, durften die geistlichen Herren die Klausur betreten. Die eine oder andere Schrift könnte auch heimlich durch das Besuchsgitter geschoben worden sein, denn der Bruder der beiden Gebetschwestern von Zeschau war Prior des Augustinerklosters zu Grimma; bei ihm hat Luther 1519 etliche Tage Rast gemacht und hat dort neue Mitstreiter gefunden.

Wie immer es bewerkstelligt worden ist, der SERMON VON DEN GUTEN WERKEN, die Pamphlete DAS PAPSTTUM IN ROM oder VON DER FREIHEIT EINES CHRISTENMENSCHEN müssen ganz oder auszugsweise etlichen der Nonnen in die Hände geraten sein, wurden solche Schriften doch im verborgenen weitergereicht, wie nur je Geschriebenes in einem totalen Regime weitergereicht worden ist. Ein totales Regime war – dem Himmel sei's geklagt – aus der Kirche geworden, *eine solche weltliche, äußerliche, prächtige, furchtbare Macht, die die Leute zu Knechten der alleruntüchtigsten Art macht, nein, lieber*

Mensch, wetterte Luther; das Volk sei zügelloser Bosheit ausgeliefert, das Gewissen der Gläubigen aufs jammervollste verstrickt.

Was da geschrieben stand, war nichts für zarte Ohren und hat nicht nur Gelehrte und Pfaffen betroffen gemacht. Auch Schäfer, Ackerknechte, Bauern, ja Schneider, Schuster, Weiber und einfältige Leut haben das Luthersche Evangelium angenommen und nach demselben mit höchster Begier verlangt, so berichtete 1520 ein Gesandter aus Rom dem Vatikan, dieser Luther sei ein rätselhafter Mann mit tiefen Augen und wunderlichen Gedanken in seinem Kopf; manche Leute trügen seine verdammliche Mär im Busen herum und lernten sie auswendig. Der lutherische Haufe maße sich an, mit dem Volk über den Glauben zu diskutieren.

Mit dem Volk über den Glauben diskutieren. Spätestens mit diesem Satz trennen mich nicht mehr ein paar hundert Jährchen, sondern ein halbes Jahrtausend von der Zeit, die Lutherzeit zu nennen die Geschichte beschlossen hat. Es war einmal ... es soll zwei, drei Jahrzehnte gegeben haben, da pfiffen's die Spatzen von den Dächern, was dieser Luther sagte, da wurde an die große Glocke gehängt, was er schrieb, und mußte doch heimlich weitergereicht werden. Ein Platzregen des Geistes – lese ich – ging hernieder. Hätte man schon Spraydosen gehabt, an alle Wände und Mauern wäre das Wort, das sie sollen lassen stahn, gesprüht worden. Unsere planetarische Entfernung von diesem Wort erlaubt uns nicht, Gewesenes mit unseren heutigen Vorstellungen zu verfälschen. Daß es da eine Zeit gegeben hat, in der Hinz und

Kunz allen Ernstes Gretchenfragen gestellt haben, klingt für unsere Ohren wie ein Märchen aus uralten, grundanderen Zeiten, oder es klingt verfänglich, als sei alles, was gewesen ist, falsch gewesen, weil viel zu lange her.

Da geistere ich durch eine Ruine, von der gerade noch der Grundriß zu erkennen ist, und versuche mir vorzustellen, wie hier zwölf Nonnen Fluchtpläne geschmiedet haben. Mußten sie sich mit Blicken verständigen? Mit einer Zeichensprache? Die Wände hatten Ohren. Können wir Nachgeborenen ermessen, wie es die jungen Mädchen umgetrieben haben muß, daß sie aus ihrer festen Verankerung zu reißen waren? Wer an den Papst glaube, ruhe auf Samt, so hat es Paracelsus gesehen, wer an Luther glaube, sitze auf einem Pulverfaß. Zwölf Verschworene wollten nicht mehr auf Samt ruhen. Lebensneugier und Lebenshunger freilich hätten kaum hingereicht, sie zum Ausbruch zu bewegen, denn über die Tragweite solchen Entschlusses bestand kein Zweifel. Was entwichenen Nonnen blühte, falls ihr Plan mißglückte, das war am Exempel der Florentina von Oberweida zu ermessen: Die Geißel hat die Treulose zur Strafe zu fühlen bekommen, und während des Gottesdienstes mußte sie sich bäuchlings auf den Steinboden der Kirche ausstrecken, damit alle Schwestern über die unglückliche Braut Christi hinwegschreiten konnten.

Das hat Katharina nicht abgeschreckt, alles Bisherige hinter sich zu lassen und die Welt zu betreten? War sie denn von allen Heiligen verlassen, daß sie ihr Vertrauen in ketzerische, lutherische Ideen setzte? War sie wortbrüchig um des Wortes willen? Müßte so die Inschrift auf der Sandsteintafel lauten? HIER WEILTE VON 1509 BIS 1523 KATHARINA VON BORA; EINE NONNE; WORTBRÜCHIG UM DES WORTES WILLEN FLOH IN DER OSTERNACHT...

Hier ist der Anfang des roten Fadens, der ihre Lebensgeschichte durchzieht. Aus diesem Kloster lief Katharina ins andere Evangelium davon, in eines, das eben erst sich zu Wort meldete aus dem Mund eines gewissen Doktor Martin Luther, Professor für Bibelerklärung an der Universität zu Wittenberg. Dieser Luther, hieß es, habe lange keinen Unterschied gemacht zwischen Gesetz und Evangelium, bis er herausfand, daß das Gesetz sich nur aufblähe und die Leute verknechte, statt sie zu erlösen. Rom nannte dieser Mensch »des Papstes Jahrmarkt«. Hätte er, Luther, nicht zurückgebissen, hätte der Papst ihn gefressen. Sogar die Mauern zwischen Klerus und Laien hat dieser Befehlsverweigerer aus Wittenberg eingerissen und vom Priestertum aller Gläubigen gesprochen. Auch predigt er in deutscher Sprache und dichtet neue Lieder.

Hat Katharina den Bittbrief nach Wittenberg geschrieben, den Hilfeschrei an den Herrn Professor Luther, sie und ihre elf Schwestern um des Himmels willen flugs herauszuholen aus den hohen Mauern, denn sie seien als kleine Maidlein ins Kloster abgeschoben worden? Oder verfaßten die zween von Zeschau und eine von Staupitz das Schreiben, denn diese drei erwähnt Luther namentlich in einem Bericht an seinen Freund, den Generalvikar Link? Der Brandbrief aus Nimbschen ist verlorengegangen. Wir wissen auch nicht, welche Mittel und Wege die Nönnlein fanden, um ihn einem Boten zuzuspielen.

Der Name des Befreiers steht auf der Sandsteintafel: der RATSHERR LEONARD KOPPE AUS TORGAU. Da der auch Fisch- und Bierlieferant für das Kloster war, wurde er von Luther als Komplize gewonnen. Er konnte unauffällig die Nachricht einschmuggeln, wie denn der Ausbruch vonstatten gehn, wann schlagen sollt die rettende Stund. Er konnte *mit sonderlicher List und Behendigkeit* die zwölf Jungfrauen entführen, *als führe er Häringtonnen.* Was er da auf sich nahm, hat der Ratsherr Koppe gewußt: Wer Mönchen oder Nonnen zur Flucht verhalf, wurde nach geltendem Recht wegen Landfriedensbruch zum Tode verurteilt. Herzog Georg von Sachsen hatte erst unlängst einen Bürger aus Mittweida, der eine Nonne aus dem Kloster Sornzig entführen wollte, öffentlich zu Tode martern lassen, man könne nicht dulden, daß Klöster entrottet und zerstört würden und daß Untertanen seiner Kurfürstlichen Gnaden sich zu solchem Schand- und Schmackwerk hergäben.

Dieser Koppe gab sich her und riskierte Kopf und Kragen. Unter der Plane seines Wagens, hinter oder ganz und gar in leeren Heringstonnen verfrachtete er die Jungfrauen zunächst bis Torgau.

Ich stelle mir Katharinas Versteck vor: ein Holzfaß, ein Uterus, aus dem sie ein zweites Mal geboren werden sollte. Der Gedanke ist gar nicht so falsch: Um die Flüchtlinge gut zu verbergen, weiß die Chronik, *soll dies in Tonnen geschehen seyen, nemlich in jeder Tonne eine Jungfrau, darin sie bequem hocken konnt.*

Ihrem unerschrockenen Bürger Leonard Koppe haben die Torgauer kein Denkmal gesetzt. Das setzte ihm Luther in einem offenen Brief URSACH UND ANTWORT, DASS JUNGFRAUEN KLÖSTER GÖTTLICH VERLASSEN MÖGEN: Da stellte er sich gegen die Pfuirufer, die Leute wie Koppe Narren nannten, Narren, welche sich von dem

Mönch aus Wittenberg haben fangen lassen. Da nannte er Koppe einen seligen Räuber, habe er doch arme Seelen aus dem Gefängnis menschlicher Tyrannei geführt. Die geglückte Flucht sei ein wahres Wunder gewesen.

In Koppes Haus verbrachte Katharina die Osternacht 1523. Hier vertauschte sie am nächsten Morgen ihre weiße Kutte und den schwarzen Schleier, der bei der Einweihung mit Weihwasser besprengt worden war, gegen Kleider, die Koppe im Freundeskreis erbettelt hatte. Schwester Katharina wurde nun mit »Mein edles Fräulein« angeredet. Mein edles Fräulein, Ihr seid in Sicherheit. In Wittenberg wird Doktor Martin Luther weitersorgen.

Erstaunlich, daß kein deutscher Balladendichter diese Flucht besungen hat, weder Bürger noch Chamisso, Liliencron oder Conrad Ferdinand Meyer; auch Fontane nicht und nicht Heinrich Heine, obwohl gerade Heine Luther hymnisch gelobt hat als den teuren Mann, von dessen Wohltat wir noch heute leben; es zieme uns wenig, über manche beschränkte Ansicht des großen Mannes zu klagen; der Zwerg, der auf den Schultern des Riesen stehe, könne freilich weiter sehen als dieser selbst, besonders wenn er eine Brille aufsetze, aber zu der erhöhten Anschauung fehle ihm das hohe Gefühl und das Riesenherz. Und Heinrich Heine ist auch Katharina nicht nur nebenbei ins Blickfeld geraten. Er nennt Luther, nachdem er geheiratet hat, den Mann Gottes und Katharinas. Aber über die Flucht der Nonne aus Nimbschen hat er sich nicht geäußert.

Darüber haben im neunzehnten Jahrhundert vornehmlich Verfasser erbaulicher Katharina-Biographien berichtet. Sie beginnen alle mit der Flucht der zwölf Zisterzienserinnen aus Mariathron und erwähnen den verlorenen Schuh, das Corpus delicti, das uns weismachen will, die Bora habe Ballettschuhe getragen und noch Kinderfüße gehabt.

Ich kehre auf meinen Spülstein zurück und trinke ein Sprite light. Ameisen umkrabbeln die Plastiktüte mit meinen Butterbroten. Ich überlasse ihnen mein Abendessen, falte den Lageplan zusammen, stecke Skizzenblock und Diktiergerät in meinen Rucksack und umwandere noch einmal die Ruinenstätte. Welches Tor war seinerzeit offen oder ließ sich von innen öffnen? Stiegen die zwölf aus einem ebenerdigen Fenster in den Garten und kletterten dort über die Mauer? Ich sollte es wissen, bin ich doch leibhaftig aus diesem Kloster geflohen und habe deshalb die nächtliche Szene so lebendig vor Augen, daß ich den Ausbrecherinnen den Weg zeigen und sie anspornen könnte: *Wir brauchen einen Heldenmut.*

In einem Laienspiel ZEHN BILDER AUS DER REFORMATIONSZEIT habe ich, vierzehnjährig, Katharina von Bora verkörpert.

Damit, daß ich allen Ernstes die weibliche Hauptrolle spielen dürfte, hatte ich nicht gerechnet, nie im Leben. Als Engel, der den Flüchtenden das Tor öffnete, als Domina, die nur die Hände zu ringen hatte, als Muhme Lene, Frau Cranach oder Frau Melanchthon hatte ich mich schon auf der Bühne gesehen. Mehr Frauenrollen gab es nicht. Man hätte dann nur noch Volk sein können,

Schaulustige, Nachbarinnen, Mägde, die nur eine Schürze umbinden, einen Wasserkrug hin und her tragen oder mit dem Gänseflügel den Ofensims abstauben durften.

Aber ich habe Katharina gespielt! Gott sei Dank war ich noch nicht so selbstbeherrscht, daß ich nur genickt und gestrahlt hätte, als die Wahl auf mich fiel. Hättest du Lust, die Bora zu spielen? Und ob! Ich machte einen Luftsprung vor Freude. Ich kniff mich ins linke Ohrläppchen. Es war nicht zu glauben: ich und Katharina. Ich und die Lutherin, die Lucas Cranach Modell sitzen würde.

Wie aber müßte ich aussehen, um meiner Rolle gerecht zu werden (und um Meister Cranach zu gefallen)? Nie war ich unzufriedener mit meinem Gesicht als zur Zeit unseres Laienspiels. Oft betrachtete ich eine ovale Silberdose, die aus Urväterhausrat auf meine Mutter überkommen war. Den gewölbten Dosendeckel zierte ein Portrait der Katharina von Bora. In transparenten Schmelzfarben gemalt, sah sie aus wie eine Meißner Porzellanschäferin, aber die dunklen Augen unter feingepinselten Brauen waren schräg geschnitten. Aufgelötete Silberdrähte umrahmten den Kopf mit der weißen, gefältelten Haube. Wo die Farben dünn aufgetragen waren, glänzte das Silber hindurch.

Mit Hilfe von Schminke, Puder, Brauenstift und Lidschatten versuchte ich vergeblich, mich wie Katharina zurechtzumachen. Mein Spiegelbild sah eher ihrem Matronengesicht ähnlich, das sie auf ihrem Epitaph in der Torgauer Marienkirche zur Schau trägt. Ich war sehr pummelig, aber ich würde durch meine schauspielerische Leistung überzeugen, das schwor ich mir.

Ein Jammer nur, daß ich erst im fünften Bild in Erscheinung zu treten hatte. Bis es soweit war, soufflierte ich hinter den Kulissen und half allen ein, die mit ihrer Rolle nicht zurechtkamen. Bis heute kann ich nicht nur meinen Text auswendig, ich weiß auch noch, was alle anderen Mitspieler zu sagen hatten, haben wir doch ein Jahr lang geprobt und das Stück dann in fünf verschiedenen Orten aufgeführt.

Außer dem Reformator und Lucas Cranach waren alle Darsteller auf mein Vorflüstern angewiesen: Vater Luther, Kaiser Karl der Fünfte, der Medicipapst, die Kurfürsten Friedrich der Großmütige und Albrecht von Brandenburg und nicht zuletzt der edle Staupitz, dem Martin seine großen Sünden beichten mußte. Das Laienspiel hat mich das schönste Jahr meines Lebens gekostet und hat mir das schönste Jahr meines Lebens beschert.

Unser Lehrer, Verfasser, Intendant und Regisseur in einer Person, brachte es fertig, unsere Phantasie zu beflügeln. Er machte uns Flügel. Unser entlegenes Städtchen hatte jetzt viele Namen; es hieß Eisleben, Erfurt, Stotternheim, hieß Eisenach, Torgau, Worms und Wittenberg und ohne viel Federlesens ganz und gar Rom. Was geschah, ereignete sich gerade jetzt, mochte es sich auch auf Schauplätzen der Vergangenheit ereignet haben. Wie lang eigentlich sind ein paar hundert Jahre? Die Begeisterung, mit der wir spielten, zog uns in einen Strudel von Zeitgenossenschaft.

Meine Rolle verlangte von mir ein Lebensgefühl, das eine Vierzehnjährige, deren Jugend in die Zeit der Naziherrschaft fiel, schwerlich haben konnte. Aber Kindern und Schauspielern gelingt dieser Spagat zwischen Vergangenem und Gegenwärtigem; sie können die Zeiten spielend ineinanderblenden und können echte Freudentränen über eine geglückte Flucht weinen.

Hätte ich nicht Katharina gespielt, wäre ich nie im Leben nach Nimbschen gepilgert. Ihre Flucht aus diesen Mauern war mein Auftritt und war der erste Schritt aus mir heraus. Katharina wurde meine erste Liebe, über der ich mich selbst vergaß. Ein Engel öffnete mir die Tür. Der Vorhang ging auf. Sechstes Bild. Der nächtliche Klostergarten. Diese Szene sollte für mich zur Dunkelkammer werden, in der sich Bilder aus dem Schatten lösen und entwickelt werden. *Wir brauchen einen Heldenmut.* Im Saal hätte man eine Stecknadel fallen hören können.

Schon vor Beginn der Proben hatte mir unser Lehrer Bücher über Katharina von Bora zu lesen gegeben, um mich auf meine Rolle einzustimmen. Ich erinnere mich, daß mir beim Lesen die sanfte Nonne viel besser gefiel als die Lutherin. Vom Theaterfieber befallen spielte ich mir zu Hause selber Klosterszenen vor, wandelte in einem langen weißen Nachthemd mit gesenktem Kopf und gefalteten Händen einher, sang Dona nobis pacem und zog die langen Oos und Aas noch länger. Auch Reliquien trug ich vor mir her, einen Holzsplitter von der Krippe, ein Dörnlein von der Schmerzenskrone, einen Zipfel von Mariens Schleier. Die Lattentür vor unserem Kartoffelkeller war das Besuchsgitter des Klosters und trennte mich von Vater und Brüdern, die gelegentlich nach Nimbschen kamen. Da ich selber gerne Vater und Brüder gehabt hätte, griff diese Szene mir besonders ans Herz. In meinem Kloster gab es keine Stockmeisterin, keine Marter des Gewissens und schon gar keine Fastenzeiten. Jedesmal, wenn ich an der Speisekammer vorbeikam, naschte ich, nein, tat ich mich gütlich. Die alten Redewendungen, mit denen manche Biographen Katharina beschrieben, gefielen mir ausnehmend gut.

Mein geisterhafter Umgang mit der Nonne wäre mir eines Tages fast zum Verhängnis geworden. Meine Füße verwickelten sich in dem langen Nachthemd. Ich stürzte die Kellertreppe hinunter. Ein Wunder, daß ich mit blauen Flecken davonkam. Einmal erwischte mich meine Mutter vor der Lattentür. Sie konnte nicht wissen, daß ich nunmehr im Beichtstuhl kniete und mein Beichtvater mir gerade zuraunte, was ihm draußen in der Welt zu Ohren gekommen war. Ich hörte zum ersten Mal den Namen des Mannes, der mein Leben auf den Kopf stellen sollte. »Martin Luther heißt er. Merke sie sich den Namen. Kaiser und Papst bietet er die Stirn. Gebeugte Rükken richtet er auf. Die Speichellecker jagt er zum Teufel. Unerhörtes geschieht, Schwester Katharina. Behaltet die Botschaft für Euch.« So oder so ähnlich hatte ich es gelesen. Eine Seelenführung sondergleichen ereignete sich. Ich wollte mich gerade von dem kalten Steinboden erheben, um schnurstracks einen Brief an ebendiesen Martin Luther zu verfassen mit der Bitte, mich hier herauszuholen.

Da also erschien meine Mutter und sagte lachend, ich solle mich bitte sehr nicht derart in meine Rolle hineinsteigern, das sei ja beängstigend. Als sie in meinem Alter gewesen sei, habe sie zum Zirkus gewollt, aber bei Gott nicht ins Kloster: »Hoffentlich ist das ganze Reformationstheater bald vorbei. Vor lauter Proben kommst du ja zu gar nichts mehr. Ich würde mich nicht wundern, wenn die halbe Schule sitzenbliebe.«

So reden Mütter. Dabei habe ich nie mehr gelernt als in

diesem Schuljahr. Ich stand hinter der Bühne, auf der so hingebungsvoll gespielt wurde, und soufflierte. Ich war unentbehrlich. Tetzel zum Beispiel, das Schandmaul, stolperte im ersten Bild bei jeder der vielen Proben über das Hui in der letzten Zeile des kurzen Textes, den er zu sprechen hatte:

> O ihr Teutschen, merket recht,
> ich bin des heilgen Papstes Knecht.
> So bald der Gülden im Kasten klingt,
> im Hui die Seel in Himmel springt.

In meiner Erinnerung wird jede einzelne Szene zum Welttheater, jeder stotternde Nebendarsteller zum Mimen ersten Ranges, weil unser Lehrer – weiß der Himmel wie – mit unseren Kindertalenten wucherte, weil er uns, bald in Versen, bald in Prosa, Sprache in den Mund legte, die sich als unvergeßlich erwies, so schwer sie uns seinerzeit auch einzuhämmern war. Mit Haupt- und Nebendarstellern ging der Regisseur gleichermaßen energisch um. Nuschelte einer seinen Part nur hurtig herunter, rief er in gespielter Verzweiflung, daß eher Raben sprechen lernten als wir unsere Rollen.

Auf mich konnten sich alle verlassen. Ich las jedem Spieler die Worte vom Mund. Noch bevor er hilfesuchend zu mir herschaute, griff ich ein. Nur Luther brauchte ich niemals beizuspringen. Er hätte mir die Hölle heiß gemacht, wenn ich seine Souffleuse geworden wäre. Er war der Star. Als einziger von uns saß er schon in der Oberprima und war dort – darüber ließ er uns nicht im unklaren – Klassenbester und Klassensprecher. Als sei er für die Hauptrolle prädestiniert, hieß er auch noch Martin.

Martin stand hochaufgerichtet zwischen den Kulissen. Ohne einen Anflug von Lampenfieber wartete er auf seinen Auftritt. Er wußte: wenn er die Bühne betrat, hielt alles den Atem an. In der Gewitterszene im zweiten Bild gelang es ihm sogar, die Zuschauer in einen fast hypnotischen Zustand zu versetzen.

Ich habe hinter der Bühne eigenhändig den dazugehörigen Donner erzeugt. Ich ließ die Eisenkugel, die wir im Sportunterricht zum Kugelstoßen benutzten, hin und her rollen; und weil unter dem Bretterboden ein Hohlraum war, grollte es bedrohlich wie anno 1505 bei Stotternheim. Martin legte seine Glanznummer hin. Zitternd vor Gottesfurcht und Gottesgrauen verlieh er seiner Stimme ein Tremolo, daß er fast sang:

»Wer bin ich denn, mein Herr und Gott, daß du mich blendest.« Das Stoßgebet eines zu Tode Erschrockenen. Sekundenlang stand er da, als lausche er auf einen Ton, der für sein Ohr zu hoch war. Was ein halbes Jahrtausend zurücklag, als erschröckliche Erscheinung vom Himmel bezeugt und längst zur Legende verkommen, wurde im wahrsten Wortsinn aufgedonnert, daß sich die Balken bogen. Unser Lehrer warnte seinen Hauptdarsteller, ein Rührstück aus dem Laienspiel zu machen. Luthers Entschluß bei Stotternheim sei gewiß nicht blitzgescheit gewesen, sondern die reinste Verblendung, aber Hokuspokus daraus zu machen, verbitte er sich.

Was hingegen unser Bühnen-Martin war, der ließ sich nicht bremsen. Die Arme zum Himmel gereckt, brillierte er in seiner Rolle und schrie, wie auf dem Gedenkstein bei Stotternheim nachzulesen: »Hilf du, Sankt Anna, ich will ein Mönch werden!« Nach diesen Worten ging er in die Knie und schlug die Stirn auf die Bretter.

Soviel Ergriffenheit hätte man ihm weiß Gott nicht zugetraut. Während der Proben hatte er zwar auch mit seiner Bekehrung kokettiert, hatte sich effektvoll im nur erst gedachten Blitzlicht niedergeworfen und seinen Eid abgelegt, aber am Abend der Aufführung war selbst der Lehrer darüber betreten, wie sein Star sich aufführte.

Nicht ganz so lebensecht wie das Kugelgrollen waren die Blitze der rasch ein- und ausgeschalteten Glühbirnen am Bühnenhimmel, aber hell genug, um Martin wie vom Donner gerührt in die Knie sinken zu sehen:

> Bald trage ich ein heilig Kleid,
> bald fällt mir wahre Seelenruh,
> Gehorsam, Keuschheit, Armut zu.

Ich, zwischen den Kulissen stehend, preßte die Lippen aufeinander, um ja nicht mitzuflüstern.

Beide Hände vors Gesicht geschlagen, erhob sich der neugeborene Mönch und taumelte hinter die Bühne, um flugs aus einer gegenüberliegenden Kulisse in der schwarzen Kutte eines Augustinereremiten wieder zu erscheinen. Jetzund war der nächste Kniefall an der Reihe, diesmal vor seinem Beichtvater, dem Generalvikar des Ordens Johannes von Staupitz. Vor ihm bezichtigte sich Martin unzähliger Vergehen, wollte er im Jüngsten Gericht doch der vornehmste unter den Sündern sein, der anstelle von zehn Geboten zwanzig sich auferlegte. Falls je ein Mönch durch Möncherei in den Himmel kommen könne, wollte er da hineingelangen, und wenn er sich zu Tode martere.

Alle Regeln des Ordens, so klagte er sich an, habe er übertreten, sei zu spät zur Mahlzeit gekommen, habe den Becher nicht, wie es sein sollte, mit beiden Händen umfaßt; in der Messe sei er beim Wechselgesang eingeschlafen; beim Chorgebet gar habe er ein ums andere Mal gestottert und habe, ach, auch Fleischessünden begangen. »Zwischen Himmel und Erde pampele ich hin und her«, stöhnte er, »mein Herz zittert und zappelt, wie ich einen gnädigen Gott kriegen möge.«

Daraufhin hatte Staupitz den Jammernden anzufahren:

> Verzweiflung steht dem Mönch wohl an,
> doch das sind Puppensünden,
> die schwerer sich vergangen han,
> will Gott sein Gnad verkünden.

»Will Gott kein Gnad verkünden«, versprach er sich jedesmal.

»Sein Gnad, sein Gnad«, zischte ich ihm zu.

Als habe sich unsere kleine Bühne gedreht und die Zeit sich in Sprüngen bewegt, hatte Staupitz nach der väterlich erteilten Absolution seinen Arm um Martin zu legen und ihn im Handumdrehn zum Subprior des Augustinerklosters in Wittenberg zu bestellen. Der junge Bruder habe einen fürtrefflichen Verstand und müsse was Recht's zu schaffen kriegen. Unser Bühnen-Martin konnte auch den Bescheidenen spielen und einwenden, daß seine Kräfte erschöpft seien und er sich keines langen Lebens mehr gewärtigen könne.

»Zähle ich recht«, so Staupitz nun lachend, »seid Ihr achtundzwanzig Jahre alt und wißt immer noch nicht, daß unser Herrgott gar große Sachen auszurichten hat. Wann immer Ihr sterbet, Ihr sollt sein teurer Anwalt sein.«

»Treuer Anwalt, treuer Anwalt«, beschwor ich ihn,

»nicht teurer«, aber das kapierte der edle Staupitz auch bei der Premiere nicht, obschon er sich aufs Lippenlesen verlegt hatte und die ganze Zeit nicht sein Beichtkind, sondern mich anstarrte.

Und der allererlauchteste Kaiser der teutschen Nation wäre im dritten Bild auf dem Reichstag zu Worms ohne meine Hilfe ebenfalls verloren gewesen. Er hatte seine rechte Hand aufs Herz zu legen und zu beteuern, daß alle, die vor ihm die Krone getragen, bis zum Tode getreue Söhne der Kirche gewesen seien.

Bei diesen Worten mußte er eine der hanebüchenen Lutherschriften in die Hand nehmen, den Arm weit ausstrecken, als halte er eine Viper, und fragen, ob alles, was da geschrieben stehe, aus der Feder des Angeklagten stamme:

All das Wüten gegen die römische Tyrannei,
wie er das Papsttum zu nennen beliebt,
alle biblische Drohrede gegen Könige und Reiche,
die untergingen mit ihrer Macht.

»An ihrer Macht«, soufflierte ich, »an, an ...«

Martin grinste. Er fühlte sich allen haushoch überlegen. Dabei war er untersetzt, um nicht zu sagen, eher breit als hoch. Entfernte Ähnlichkeit hatte er allenfalls mit dem alten Luther, nicht mit dem vom Fasten und Beten ausgemergelten Mönch, und schwarze Augen, *tief und zwitzerlnd wie Sterne,* hatte er schon gar nicht.

Auf dem Reichstag zu Worms aber wuchs er über sich hinaus und erwiderte dem kaiserlichsten aller Kaiser, daß er wohl wisse, er wäre der Allerangenehmste und Liebste, wenn er nur ein einziges Wort, das Wort »Revoco, ich widerrufe« spräche; eher jedoch wollte er sterben, verbrannt, vermaledeit werden, als daß dieses Wort über seine Lippen komme, es sei denn, daß er durch Zeugnisse der Schrift oder klare Vernunftgründe überwunden würde.

»Ja, wenn ich tausend Köpfe hätt, wollt ich sie mir lieber abhauen lassen, denn einen Widerruf tun. Hab nicht geschrieben, daß es stumpf und gelinde sei, und was da steht, kann gar nicht wörtlich genug genommen werden. Mich dünkt, die hohen Herrn haben's fleißig gelesen«, Wort für Wort von mir hinter den Kulissen tonlos mitgeflüstert, denn Martin durfte es bei Gott nicht hören.

Wenn während der Proben der Kaiser wieder zu Wort kam, rief unser ganzes Ensemble mit: »Ich will die vermaledeiten Bücher am liebsten auffressen!« Wir freilich meinten damit unsere Schulbücher.

»Ich will die vermaledeiten Bücher am liebsten auffressen«, überschrie uns der Kaiser, »um meine Untertanen vor solchen verderblichen Druckwerken zu schützen. Nie wieder will ich diesen Ketzer anhören und will jedermann aufknüpfen lassen, bei dem Schriften oder Bilder von ihm gefunden werden. Niemand darf diesen Menschen, der sich gegen die tausendjährige Kirche gestellt, ungestraft beherbergen, ätzen und tränken oder ihm Hülfe angedeihen lassen.«

»Atzen und tränken«, zischte ich dem Kaiser zu, »atzen.«

Hülfe, Hülfe.

Unser Lehrer behauptete, er habe auf dem Reichstag zu Worms graue Haare bekommen; seine Schüler wollten nicht begreifen, daß an diesem 18. April 1521 einer der dramatischsten Auftritte der abendländischen Geschichte sich vollzogen habe. Was aber machten wir daraus? Hokuspokus. Unser Lehrer war jedesmal erleichtert, wenn Martin bis zu seinem »Ich bin hindurch, ich bin hindurch« gekommen war.

Den vierten Akt hätten wir hier in Nimbschen auf der Freilichtbühne aufführen sollen, außerhalb der verfallenen Klostermauern, da, wo auf meinem Lageplan Wirtschaftshof, Scheune, Backhaus und Brauhaus geschrieben steht. Hier hätte es keiner Kulissen bedurft. Die Worte, die unser Lehrer den Schäfern, Bauern und Müllern in den Mund legte, hätten hier noch deftiger geklungen, redete doch dieser Luther in der dreckigen Sprache des Volks, dem er zuvor aufs Maul geschaut.

»Ein Bergmannssohn ist er«, rief der erste Bauer, »einer von uns, gewohnt unter Gänsen zu schnattern. Des Papstes Igel mit stachligen Schuppen nennt er sich, der nicht verschlungen werden kann von dem mächtigen römischen Schlund.«

»Er hat uns das Evangelium in unserer Sprache gegeben«, sagte der zweite, »damit wir gewandelt und neugeboren werden durch Gnade ohn allen Ablaß und leeres Gewäsch.«

»Die Druckerbuben«, so ein Dritter, »stehn Schlange vor der Turmstube des Professors in Wittenberg, um seine Schriften abzuholen. Der Mann arbeitet Tag und Nacht, als wollt er den Teufel mit Tinte austreiben und sich selbst um Kopf und Kragen schreiben.«

Ein Schäfer im großen Schlapphut zog ein Bild Luthers aus seiner Tasche, hielt es dem Publikum hin, küßte es und rief, den Kaiser nachäffend: »Schlimmer kann's gar nicht mehr kommen, auf den Scheiterhaufen gehören

Bücher und Bilder dieses Teutschen, sind sie doch Gift für jedwede Ordnung.«

Ich hatte nicht nur zu soufflieren, ich mußte auch die Schauspieler im richtigen Augenblick auf die Bühne schicken. Nach dem Schäfer verbreitete ein weißbepuderter Müller das Gerücht, Luther sei auf dem Heimweg von Worms verschwunden, gefangen, von einem Stoßdegen durchbohrt, ins Feuer geworfen wie seine Bücher. »Gott allein weiß, ob er noch lebt, der Abtrünnige, der Vogelfreie. Hat er sich den Häschern durch Flucht entzogen, nach Dänemark, nach Böhmen, in die Niederlande?«

Gerede, Gerüchte, unter den obwaltenden Umständen nicht nachzuprüfen. Die Bühne bevölkerte sich. Am besten, verkündete einer der Schäfer, man halte sich an die Mär, es habe ein gnädiger Fürst den Doktor Luther zum Schein gefangen, um ihn vor seinen Verfolgern zu retten. Freilich, gesehen, gesehen habe ihn niemand.

Was die echte Katharina hinter ihren Klostermauern erfahren hat, sagte unser Lehrer zu mir, ist nicht mehr auszumachen. Ihre Flucht beweist aber, daß sie einige Schriften des Aufrührers gelesen hat.

Ich aber soufflierte hinter den Kulissen, als sei die Bora Augenzeugin des Geschehens gewesen.

Um die Ungewißheit über Luthers Schicksal komplett zu machen und um Zeit für den Bühnenumbau zu gewinnen, mußte ich nun Albrecht Dürer vor den zugezogenen Vorhang schicken. Da erschien er im stutzerhaften Kostüm, eine Samtkappe auf dem dauergewellten Haar, als trete er aus seinem berühmten Selbstbildnis heraus.

Aus seinem Tagebuch verlas er die Eintragung von Freitag vor Pfingsten im Jahre 1521, allwo ihn die Nachricht erreichte, daß ein Herold des Kaisers den frommen, mit dem Heiligen Geist erleuchteten Doktor Martin Luther an einen unfreundlichen Ort entführt, gepeinigt, vielleicht sogar entleibt habe.

Ich trete in den Torbogen, vor dem ich mein Auto geparkt habe, und zitiere Dürer: »O Gott, ist Luther tot, wer wird uns hinfort das Heilige Evangelium so klar vortragen? Helft, ihr Leut, mir fleißig beweinen diesen gottgefälligen Menschen, der Schurken und Verrätern in die Hände gefallen ist.«

Unser Dürer hat damals einen Riesenapplaus geerntet.

Es wird schon dunkel. Über dem Tümpel ist die Mükkenwolke verschwunden. Die Kapuzinerkresse hat ihre Hüte zusammengefaltet, wie sich's gehört. Ich steige in meinen Wagen und mache die Scheinwerfer an. Der Lichtstrahl durchschneidet die Ruine der Länge nach bis zum Westchor.

Bei unserem Laienspiel haben wir für die Fluchtszene zerfallene Mauern mit runden Fensterbögen auf die Kulissen gemalt, den stehengebliebenen hier gar nicht so unähnlich.

Monatelang haben wir zwölf auserwählten Schülerinnen unserem schleierhaften Auftritt engegengefiebert. Lampenfieber ist das schönste Fieber. Die Angst, sich in einen anderen Menschen verwandeln zu müssen, die schönste Angst.

Als der Vorhang aufging, das Licht auf der kleinen Bühne abgedunkelt wurde, waren wir nicht mehr Karin, Hilde, Dagmar und Gisela und wie wir alle hießen; wir waren Ave, Magdalene, Lenotha, Veronika, Katharina, namentlich bekannt alle zwölf. Was wir sagten, waren keine Schulmädchenworte mehr. Ich verkörperte Katharina mit solcher Inbrunst, daß mich die Mitspieler noch lange so nannten und mir mein eigener Name abhanden kam.

Im fußlangen weißen Nachthemd und mit dem schwarzeingefärbten Brautschleier meiner Mutter betrat ich als erste den Klostergarten, huschte dahin und dorthin, legte die Hand ans Ohr: Knackte ein Zweig, raschelte ein Schritt, schlief die ehrwürdige Mutter? Ich hatte so viele abenteuerliche Schilderungen vom Ausbruch der Nonnen aus dem Kloster gelesen, daß ich gar nicht genug tun konnte, meine panische Angst vor einer Entdeckung zu demonstrieren. Die Umrisse der dichtgestaffelten Köpfe und Schultern unten im Saal nahm ich wie eine Ohrmuschel wahr, in die ich zu flüstern hatte.

Wir brauchen einen Heldenmut,
im Herrn geliebte Schwestern,
folgt mir in eurer Glaubensglut,
es gibt für uns kein Gestern.

Lautes Flüstern, das auch noch in den letzten Reihen zu hören sein sollte, hatte ich weidlich geübt, mußte ich doch viel flüstern, bis ich endlich klar und vernehmlich meinem Martin das Jawort geben konnte. In der Fluchtnacht verschluckte der überfüllte Saal meine Stimme. Kein Mensch vernahm meine Beschwörung, einen Heldenmut aufzubringen. Da verlegte ich mich auf die Pantomime. Rückwärts tänzelnd lockte ich mit weitausholenden Armbewegungen die anderen Nonnen in den hochummauerten Klostergarten und rief dabei leise ihre Namen: Ave, Margaretha, Lenotha, Veronika..., woraufhin eine nach der anderen aus den Kulissen hergeschlichen kam, bis alle mich so dicht umdrängten, daß eine von der anderen nicht mehr zu unterscheiden war. Schon gut lutherisch raunten wir uns gegenseitig zu:

So fürchten wir uns nicht so sehr,
es muß uns doch gelingen...

Worte, die der Engel aufgriff. Von einem Scheinwerfer angestrahlt erschien er auf dem Brunnenrand und sang vom ansteckendsten aller Lutherlieder die dritte Strophe, sprach mehr als er sang in einem atemlosen Stakkato:

»Und wenn die Welt voll Teufel wär...«

Meine rechthaberische Erinnerung behauptet, das allerbeste im ganzen Spiel sei unsere Flucht aus dem Kloster gewesen. Wie da der Engel herfürtrat, das Kleid so weiß, daß kein Bleicher auf Erden es weißer machen kann, klang sein Gesang den Zuschauern als Sphärengesang in den Ohren. So jedenfalls hat es hinterher in der Zeitung gestanden. Unser Engel hatte eine Engelsstimme, eine, die bei unserem Laienspiel entdeckt wurde. Ein Engel machte Karriere als Sängerin, wie ich sie gern als Schauspielerin gemacht hätte. Das Schulorchester brachte zeitgenössische Musik zu Gehör. Nach altmeisterlicher Manier umspielten und vertauschten sich die Stimmen.

Vom Mittelgang her schwankte der Schein einer Stallaterne. »Er kömmt, er kömmt«, der alle Schliche und Wege hier kannte, Koppe, der Retter, mit dem Wittenberger im Bunde. Wir zwölf fielen uns in die Arme. Wir fielen auf die Knie, nicht weniger gekonnt, als Martin in die Knie zu sinken pflegte, wenn seine Rolle es verlangte. Eine Nonne half der anderen auf, eine stützte die andere, waren wir doch noch geschwächt von der langen Fastenzeit, die eben hinter uns lag. Eine sprach der anderen Mut zu mit wohleinstudierten Worten, um dann an den Bühnenrand zu huschen, auf den gebeugten Nacken eines Fluchthelfers zu treten, auf die herbeigerollte Heringstonne zu steigen und den Sprung in die Freiheit zu wagen, direkt vor die Füße derer, die in der ersten Reihe saßen. Dabei habe ich bei der Premiere tatsächlich einen Schuh verloren; guter Gott, das hat mir gerade noch gefehlt. Meine Mutter bückte sich rasch und zog mir den Schuh wieder an.

Hinweg, hinweg, der Wagen steht bereit.
Hinweg, hinweg, es dämmert schon der Tag.

Erst in Torgau würden wir aus dem herzoglichen Sachsen heraus und in Sicherheit sein. Koppe im blauen Fuhrmannskittel scheuchte uns den Mittelgang entlang durch die klatschende Menge.

Hinter uns auf der Bühne ging das Licht an. Die ehrwürdige Mutter erschien, ließ sich auf den Brunnenrand fallen, auf dem eben noch der Engel gestanden hatte, und rang die Hände über ihre ungehorsamen Töchter.

Als wir uns am Schluß der Aufführung verbeugen durften, Haupt- und Nebendarsteller, Pfeifer, Trompeter und Lautenschläger, Gaffer, Hanswurste und viel Volks, waren die Zuschauer vor Begeisterung schier aus dem Häuschen und wollten gar nicht aufhören zu klatschen und bravo zu rufen, bravo, bravo! So viele Vorhänge hat kein Theater der Welt gehabt. Alles hatte wie am Schnürchen geklappt. Sogar meine Mutter warf mir Kußhände zu, obgleich sie, wenn ich ihr zu Hause etwas vorgespielt hatte, von Schmierenbühne und Lutherspektakel geredet hatte. Ich beschloß, meine vermaledeiten Schulbücher aufzufressen und Schauspielerin zu werden. Aber so waren die Kußhände meiner Mutter nun auch wieder nicht gemeint.

Ich sollte jetzt nach Torgau fahren, den Weg zurücklegen, auf dem aus Schwester Katharina das edle Fräulein wurde, auf dem sie, zusammengekauert unter einer Wagenplane, hinfuhr in ihre Geschichte, nicht mehr die Zisterzienserin und noch nicht die Lutherin.

Ihr Fluchtweg ist nicht bekannt. Weil damit gerechnet werden mußte, daß die Äbtissin Reisige hinter den Ausbrecherinnen herschicken würde, hat man bis Torgau vermutlich Schleichwege gewählt.

Ich brauchte nur eine Autostunde auf frischgeteerter Straße. Ich fahre aber tagelang durch Sachsen, Anhalt und Thüringen, als seien hier noch Spuren zu finden, die zu der Gesuchten führen könnten. Fest steht nicht einmal, ob, wie die meisten Chroniken vermelden, Lippendorf bei Leipzig Katharinas Geburtsort gewesen ist. Fünf Dörfer im nahen Umkreis nehmen für sich in Anspruch, daß hier die Boras ansässig waren.

Ich gebe es auf, verstreuten Eintragungen in Kirchenbüchern und wenig aussagekräftigen Quellen in Archiven nachzugehen. Erst an Luthers Seite tritt Katharina in unseren Horizont. Luthers wegen ist die Zeit erforscht wie kaum eine zweite in der abendländischen Geschichte. Kein Mensch hätte je mehr nach einer Katharina von Bora gefragt, wäre sie nicht auf abenteuerliche Weise die Lutherin geworden.

Das erste Portrait von ihr hängt auf der Wartburg

neben dem des Reformators. *Meister Cranach, male er uns zwei Portraits, hie Braut, hie Bräutigam, gar frisch und fein im Kolorit.* An die linke Hand der Braut hat der Meister auch den Ring mitgemalt, einen schmalen Goldreif, über dem ein zweiter, reichverzierter Schmuckring liegt. Im Stadtgeschichtlichen Museum in Leipzig lege ich meine Hand neben den zu besichtigenden Ring. Ich trage den gleichen, denn anno 1967, zur Neunhundertjahrfeier der Wartburg, wurde eine kleine Stückzahl von einer Silber- und Goldschmiede in Köthen gefertigt. Zu beiden Seiten des großen Rubins sind die Marterwerkzeuge aufgelötet. Eingraviert in den schmalen Trauring ist das Datum 13. Juni 1525.

Damit mich nicht die Gewißheit verläßt, daß alles so oder so ähnlich gewesen sein könnte, wie es uns überliefert ist, halte ich mich an die Denkmäler, hangele mich an behauenen und gegossenen Steinen entlang, die die Flüchtigkeit aufheben.

Da freilich kommt mir immer nur Martin vor die Augen, steht da und kann nicht anders, streckt mir die Bibel entgegen oder drückt sie ans Herz. Nach Katharina muß man fahnden in der Galerie der vervielfachten Heroen, die zu allen Jubelfeiern mit Tannengrün geschmückt werden.

Ein einziges Mal finde ich Katharina auf – nein, an dem berühmten Monument in Eisleben, zwar nicht hoch oben, wo so kolossal der Reformator steht, wohl aber auf einem der vier Sockelreliefs. Da sitzt sie mit geneigtem Haupt und edlem Profil, zur Pieta verklärt neben dem unverkennbaren Luther, auch er von der Seite gesehen.

Seine Hände greifen in die Saiten der Laute. Zwischen den steinernen Fingern haben sich Flechten angesiedelt. Wie König Saul sich den Trübsinn durch Davids Saitenspiel aufhellen und alle bösen Geister vertreiben ließ, war Luther Saul und David in einer Person. Es galt, den Teufel, den hochmütigen Affen, durch Gesang zu vertreiben: Troll dich, Satan. Neben Luther stehen zwei Buben, Hans vermutlich und Paul, welches Lied begleitet die Laute? *Ein feste Burg* vielleicht, nein eher *Mitten wir im Leben sind von dem Tod umfangen,* denn an Katharinas Brust, fast zugedeckt von Martins weitem Talarärmel, liegt ein schlafendes Kind. Es muß das Elisabethchen sein, das den Eltern bald wieder genommen wurde. Das kleine Gesicht, als einziges dem Betrachter aus der Bildmitte voll zugewandt, ist so durchscheinend und entrückt, als sei es seine wächserne Abformung auf dem Totenbett. *Welch bekümmert Herz hat mir das Kind zurückgelassen,* schrieb Luther, nachdem er es begraben mußte, *ach, wie mich der Jammer bewegt.* Es fällt mir schwer zu glauben, daß solche Worte nicht aus Katharinas Feder stammen.

Hier unten auf diesem grünspanbesetzten Sockel, sich selbst zu Füßen und dicht neben seiner Frau, hat Martinus ein menschliches Maß. Hier, die gegossenen Hände auf den Lautensaiten, ist er, was er am allerliebsten geworden wäre: ein Musikus, ein Poet, Melodist von Gottes Gnaden, *der Schwan von Eisleben, dessen Lieder einer Blume gleichen, einem Mondstrahl, der über das bewegte Meer zittert;* so schwärmte Heinrich Heine von ihm. Luther hatte immer Sorge, daß durch das Evangelium die Künste zu Boden geschlagen werden könnten. Das aber dürfe nie und nimmer geschehen. Wir hier unten seien zwar heiser, aber ohne Musik und Poesie wären wir bettelarm.

Die Bildhauer haben die Lutherin nicht ein einziges Mal neben ihren Mann auf den Sockel gestellt. So erhöht werden wollte sie vermutlich auch keinesfalls. Martin gebührte dieser Platz, den auch er, nebenbei gesagt, nie im Leben beansprucht hat. Er sah sich ja selbst ganz anders, als die Nachwelt ihn sieht, sah sich nicht als Reformator, mitnichten. Er wollt nur dem greulichen Mißbrauch und Mißverstand in der Christenheit entgegentreten, *denn so tief haben alle geistlichen Gelehrten geschlafen und geschnarcht, ja, haben, stock, starr und blind, die edlen Worte der Schrift hin und her gezogen und frech gedeutet aus eigenem Mutwillen, so daß aus des Papstes Kirche eine ungewisse Wandel- und Schlotterkirche, ja Lügenkirche geworden ist und nicht des Glaubens Kirche auf einem gewissen Fels;* also holte der Wittenberger Mönch die beiseite gelegte Bibel unter Bergen theologischer Bücher wieder hervor und gab sie dem Volk in deutscher Sprache. Er hielt sich für *ein gestoßenes Werkzeug Gottes,* für nicht mehr und nicht weniger; man solle seinen Namen nicht nennen, sich nicht Lutherische, sondern Christen heißen, wie komme *ein armer stinkender Madensack dazu, daß man die Kinder Christi mit seinem heillosen Namen* nenne. Nein, auf Erfolg geschielt hat er nie, war nicht wirkungsbesessen, eher wirkungserschreckt. Er selbst hat nichts zu seiner eigenen Legende beigetragen. Seine sprichwörtliche Bescheidenheit haben viele, die ihn gekannt, ihm nicht nur nachgesagt; sie haben sie ihm angelastet und oft genug vorgehalten. Käthe konnte ein Lied davon singen. Nicht einmal neue Kleider ließ er sich schneidern, wenn die alten aufgetragen waren. *Ich habe Tuchs genug, aber eine neue Hose mag ich mir nicht nähen lassen; die alte habe ich selbst schon viermal geflickt.* Als die Freunde ihn drängten, seine gesammelten Schriften herauszugeben, ließ er sich nur schwer dazu überreden: *Wozu denn diese Kanonisierung?*

Wenn er wüßte, daß jetzt in Wittenberg mehr als 50 000 Stücke des reformationsgeschichtlichen Museums digital erfaßt und über Computer weltweit abgerufen werden können. Wenn er wüßte, wie kleinste Randnotizen von seiner Hand aufgespürt und durch Schriftvergleich identifiziert werden. Er war aller Gespreiztheit abhold, weil da ein ganz anderer Ursprung war als Selbstempfindung und Selbstinszenierung.

In Szene gesetzt hat ihn die Nachwelt, auf den Sockel gehoben, auf unzählige Sockel. Da steht er, zusammengesetzt aus mehreren Berühmtheiten: einem Reformator, einem Übersetzer, einem Dichter, einem Glaubensheld. Er konnte sich nicht dagegen wehren, daß man ihm mit Hammer und Meißel zu Leibe rückte. Konnte nicht verhindern, bunt und durchsichtig in einem Glasfenster das Hotel Excelsior in Berlin schmücken zu müssen, neben ihm in zwei weiteren Fenstern Moses und Papst Leo X.; diese drei sind den Bomben des Zweiten Weltkrieges zum Opfer gefallen.

Um sie zu retten, hat man seinerzeit viele Lutherdenkmäler eingemauert oder mit Sandsäcken verbarrikadiert und hat sie nach Kriegsende wieder ans Licht geholt. Allenthalben in der deutschen Geschichte haben Kräne tonnenschwere Vorbilder von ihren Sockeln gehoben. Luther blieb unangetastet und mit ihm Frau Käthe auf dem Relief.

Ich fahre von Lutherdenkmal zu Lutherdenkmal, von Lutherstätte zu Lutherstätte, von Lutherbrunnen zu Luthersteinen, von Luthereichen zu Lutherbuchen. Nach Katharina hat man nur eine Gasse in Torgau benannt.

Wo immer Luther ging und stand, steht nun sein Denkmal, ebenmäßig oder vierschrötig, lebens- oder überlebensgroß, ehern, aus einem Guß, steinern, ausgewaschen, bemoost und oft genug beschmiert von Narrenhänden. Die Tauben landen gern auf seinem Doktorhut, auf beiden Schultern, auf dem vorgestellten Fuß; sein versteinertes Gesicht verzieht keine Miene.

Apropos Stein. Nur die erzenen Monumente überdauern unbeschadet. Am Stein frißt die Zeit. Durchschnittlich gehen heute innerhalb von zwei Jahren unter dem sauren Regen 46 Gramm Substanz von jedem Quadratmeter Kalkstein, Sandstein und Marmor verloren.

Ich fahre nach Halle an der Saale. Dort in der Marktkirche Sankt Marien hat Luther kurz vor seinem Tode noch dreimal gepredigt. Dort wurde für eine Nacht sein Leichnam aufgebahrt, als man ihn von seinem Sterbeort Eisleben nach Wittenberg überführte. Vor lauter Anbetung haben die guten Hallenser ihren Luther auferstehn lassen wollen, so wie er wirklich gewesen, und haben eine lebensgroße sitzende Bildfigur anfertigen lassen aus der Totenmaske und den Abgüssen der Hände samt den Gichtknoten und der Schreibfeder in der Rechten, aus dem nachgeschneiderten Talar und Samtbarett. Es konnte gar nicht realistisch genug sein. Beim Anblick dieser Sitzfigur mochte man an Wiedergeburt glauben. Mit aufgeklebtem Haar und Glasaugen geriet die Lutherpuppe so gespenstisch und poppig, daß sie nach dreihundert Jahren wieder in ihre Teile zerlegt worden ist.

Die Totenmaske ist in der Marktkirche zu besichtigen. Schaustücke sind auch die Wachsabgüsse der Hände, wie abgehackt die Linke mit den locker gespreizten Fingern, die Rechte so angewinkelt, als schreibe sie noch im Tode weiter.

Hier eine Maske und da eine Büste. Hier eine Hand und da eine Hand, abgetrennt vom Arm, die Fingergelenke gegen jedes anatomische Gesetz verdreht. Heiligenscheine und Samtbarette schweben, es rollen die Räder einer Reisekutsche. Wie im absurden Theater sind Bruchstücke des Helden über die Bühne verteilt und finden nicht wieder zusammen: dazwischen liegen altüberkommene Requisiten: ein Deckelhumpen, ein Reiselöffel, der lange Hals einer Laute.

Ich fahre von Luther zu Luther und stelle mir vor, die gegossenen, gemeißelten Herren – ihre Zahl ist Legion – stiegen von ihren Sockeln, ließen die Leitern lehnen und gerieten ins Wandeln. Nacheifernd dem Vorbild ordneten sie sich zu einer Prozession ohnegleichen und verstopften die Straßen zwischen Wittenberg und Worms, Eisenach, Eisleben, Dresden und Magdeburg; und der also Verfolgte, ich wette, vogelfrei wie er ist, stünde nicht, als könne er nicht anders, das sähe ihm nicht ähnlich; er wischte sich indes die lichtempfindlichen Augen: Was wollen die Herren von ihm und *das alles zur Letzt und ade*? Wie aber ihnen entkommen bei dem Gliederreißen, mit dem offenen Bein? Käthens Heilsalben hat er mal wieder vergessen. Wohin also sich wenden? Noch einmal zur Wartburg, um sich vor des Papstes Bann und des Kaisers Zorn zum Schein gefangennehmen zu lassen? Wer weiß, ob die Zugbrücke nicht hochgezogen ist oder ob nicht gerade Restauratoren den legendären Tintenfleck wieder einmal erneuern, den er angeblich an der Kaminwand seines luftigen Turmzimmers hinterlassen hat? Dann besser nach Eisleben in das liebe Haus in der Langen Gasse; aber sein palmenumkränztes Portrait in der Nische über der Tür verscheucht ihn schon auf der Schwelle; wer wagt es, ihn so zu verschandeln? An ihm vorbei strömen Leute ins Haus, um den unverbrennbaren Luther zu besichtigen, das Glasbild im Inneren, dem selbst die Flammen nichts anhaben konnten. Nur fort von hier! Hin zum Sterbehaus, sich wieder auf das Ruhebettlein legen, will sagen auf dessen getreue Nachbildung, sein Seelichen dem Herrn befehlen, sich ausruhn in der Hoffnung, von niemandem gefunden zu werden. Doch Frauen, die er nie im Leben zu Gesicht bekommen, drapieren ein schwarzes Seidengespinst in eine Glasvitrine: Ihr Bahrtuch, Verehrtester, das Original, macht sich's nicht prächtig? Und da, Ihr silberner Deckelhumpen, aus dem Sie Käthens gutes, schäumendes Bier getrunken. Den gewölbten Deckel ziert Ihr Konterfei in transparenten Schmelzfarben. Wie eine Hofschranze sieht er da aus, wie ein Speichellecker. Doch nicht genug damit, jemand zeigt ihm ein Kuriosum her, Liebhaber zahlten ein Vermögen dafür: eine Spieluhr, da werdet ihr Augen machen. Da steht er als spannenlanger Elfenbein-Luther im Professorentalar auf einem Blechsockel; dessen vier Seiten zeigen Reliefs von seinem Geburtshaus in Eisleben, von der Wartburg, der Schloßkirche zu Wittenberg und vom aufgeschlagenen Gesangbuch mit seinem Lied von der festen Burg. Steckt man einen Schlüssel unter den Sockel, ist das Lutherchen aufziehbar und fängt an, sich um sich selbst zu drehn, feierlich, langsam, nur manchmal ein Achsenruck, es dreht sich und dreht sich und klimpert, Gott sei mir gnädig, die Melodie, die er selber anno 29 zu seinem Lied geschrieben. Das muß nach dem Religionsgespräch im Marburger Schloß gewesen sein, zu dem der tapfere Zwingli aus der Schweiz gekommen war, um mit ihm über Glaubensfragen zu disputieren, aber ach, wie vergeblich, wohin sollte das führen, wenn nicht einmal sie sich einigen konnten. Da ist ihm das Lied gekommen samt seiner Melodie, die nun klimpert und klimpert, und er dreht sich, dreht sich dazu im Kreis. Meine Reisekutsche, ich bitte, das ungefederte Rollwägelchen. Wohin soll die Fahrt denn gehn? Wo stöbert niemand ihn auf? Er ist und bleibt vogelfrei. Niemand darf ihn ungestraft beherbergen, atzen, tränken oder ihm Hülfe angedeihen lassen.

Mancherorts begnügt man sich wenigstens mit Gedenksteinen, die an Luther, nicht etwa an Katharina erinnern. Einen zierlichen Obelisk finde ich an einer holprigen Waldstraße bei Altenstein, errichtet an der Stelle, wo 1521 der junge Heißsporn nach seinem Auftritt in Worms fürsorglich gefangengenommen wurde.

Einen Feldstein in der Nähe des Dorfes Stotternheim will ich auch in Augenschein nehmen. Es ist ein schwüler Tag, als ich Richtung Erfurt fahre. Am Horizont quellen weiße Haufenwolken auf. In meinem Reiseführer steht zu lesen, ein Hain mit Bänken erwarte mich an dem Ort, wo der Erfurter Student 1505 von einer erschröcklichen Erscheinung am Himmel geblendet zu Boden sank und gelobte, ins Kloster zu gehn.

Das Auftreten von Ekstatikern muß dazumal so außergewöhnlich nicht gewesen sein. Büßer- und Heiligenlegenden erzählen von vielen Entrückten und Verzückten, die außer sich gerieten. Die Welt war noch nicht durchschaut, der Blitz noch nicht als elektrische Erscheinung entlarvt, der darauffolgende Donner nicht als überhitzte Luft, die sich mit Schallgeschwindigkeit ausbreitet. Die Erde drehte sich für die meisten noch als Scheibe und keinesfalls um die Sonne, auch wenn der Himmelsforscher Kopernikus schon die zentrale Stellung unseres Planeten im All bezweifelte. Amerika war schon entdeckt, aber sein Entdecker nannte die Farbigen, die ihm entgegentraten, Indios, weil er glaubte, in Westindien gelandet zu sein. Ein Portugiese hatte, vom Sturm verschlagen, Südafrika umsegelt, ohne zu wissen, wo er sich befand. Als auf der Rückreise dasselbe vorspringende Kap in Sicht kam, nannte er es Kap der Stürme. Erst sein König sollte es Kap der Guten Hoffnung nennen. Die ersten Landkarten, im Kupferstichverfahren hergestellt, zeigten große weiße Flecken, die waren noch wüst und leer. Den Stillen Ozean gab es noch nicht. Magellan war noch nicht zu seiner Erdumseglung gestartet. Das Weltende wurde eher erwartet als die Erforschung unbetretener Länder. Die Vögel zogen vor Wintereinbruch dahin, wo es wärmer war. Wo genau war das? Es gab auch den Gregorianischen Kalender noch nicht. Man richtete sich nach dem immerwährenden Zeitanzeiger, der am Himmel abzulessen war, orientierte sich am Auf- und Niedergang der Sonne und der Sterne, am raschen Lauf des Mondes und seiner wandelbaren Gestalt. Ein großes Licht, an die Feste des Himmels gesetzt, regierte den Tag, und ein kleines Licht regierte die Nacht. Leonardo hatte in Mailand schon eine Wasseruhr zum Wecken konstruiert und sollte bald Lampen mit Zylindern bauen. Doch allenthalben weckten die Hähne pünktlicher und die Lampen blakten.

Mit einer Hand die Augen abschirmend spähe ich durch die spiegelnde Heckscheibe. Ein chaotischer Himmel präsentiert mir alle Wolkensorten auf einmal: einen hohen schwarzen Gewitterturm mit einer Zirruskappe obendrauf, weiße Wellblechwolken und ein karmesinfarbenes Abendrot, das in fahles Gelb umschlägt und nichts Gutes verheißt. Ich muß mich beeilen, wenn ich noch bei Tageslicht nach Stotternheim kommen will. Der vorgezeichnete Weg ist ein Feldweg, auf dem es immer holpriger und immer stiller wird.

An seinem Ende finde ich keinen Hain, keine Bänke, nur in einem mit Ziegelsteinen umlegten Geviert den Stein mit der Inschrift EX THURINGIA LUX. Aus Thüringen das Licht. Auf der anderen Seite des Steins steht GEWEIHTE ERDE und WENDEPUNKT DER REFORMATION. Unter diese Worte hat ein Witzbold AUCH SCHON EIN WENDEHALS gesprayt. Auf dem Boden liegen aufgeweichte Zigarettenkippen und verwelkte lila Astern. Als sei die Zeit stehengeblieben, sehe ich auf der angrenzenden Wiese eine Sense im Heuhaufen stecken, die den Blitz abwehren soll.

Ich stehe da und denke bei mir: Wenn jetzt wieder ein Gewitter losbräche, überspränge der Funke geschlagene fünfhundert Jahre, und ein Licht zum Gelübdeablegen beleuchtete einen berühmt-berüchtigten Umweg, schlüge eine Geschichtsbuchseite auf: Luther im Sommergewitter am 2. Juli 1505. Energieentladung zwischen Himmel und Erde. Stromstärke bis zu hunderttausend Ampere. Ein Ortsschild ins Wetterleuchten versetzt: STOTTERNHEIM. Was einer hier bei der heiligen Anna gelobte, schlug ins Gegenteil um.

An derselben Schule, die ich als Schülerin besucht habe, unterrichtete ich später Deutsch und Geschichte. Unser Lehrer von damals war nun mein Kollege. Eines Tages forderte er mich auf, ihn und seine Schüler auf einer Studienfahrt nach Wittenberg zu begleiten, schließlich sei ich ja mal Lutherns Frau gewesen.

Ein Klassenausflug mit Hindernissen, denn Wittenberg lag zu dem Zeitpunkt noch in der Deutschen Demokratischen Republik. Aber das Reisebüro Jugendtourist in Ost-Berlin räumte alle Schwierigkeiten aus dem Wege. Jeder von uns mußte einen Fragebogen ausfüllen: Name, Vorname, Geburtstag, Geburtsjahr, Geburtsort, Geschlecht, Staatsangehörigkeit, ausgeübte Tätigkeit, beabsichtigte Dauer des Aufenthalts in der DDR, frühere Aufenthalte in der DDR, wann, wo, bei wem? Es konnte einem die Lust vergehen, in dieses Wittenberg zu fahren. Rom, London, Paris wäre uns als Ausflugsziel lieber gewesen. Unser Lehrer, den ich immer noch unseren Lehrer nenne, bestand auf seinem Wittenberg. Euch werden die Augen übergehn, prophezeite er. Schon mancher unscheinbare Ort ist weltgeschichtlich bedeutsam geworden.

Also gut. Wittenberg. Aber vorher wenigstens noch Berlin. In einem Reisebus fuhren wir über die Autobahn Hannover–Berlin. Die Grenzanlagen kannten die meisten von uns nur von opalisierenden Fernsehbildern. Autoschlangen im Niemandsland. Wachtürme. Das Panzerdenkmal, Vopos. Fahnen mit Ährenkranz, Hammer und Zirkel. Betonkübel ohne Blumen und die ganze gespenstische Szenerie noch einmal zwischen Berlin West und Berlin Ost. Das Niemandsland hieß hier Todesstreifen. Die gesprayten Giraffenhälse, Treppen und Leitern waren zu kurz, um die viereinhalb Meter hohe Mauer zu überwinden; nur gesprayt die Risse, Reißverschlüsse und Durchblicke, nur gemalt die Strichmännchen und Mauerspringer und die tintenblaue Spree, die einer durchschwamm.

Auf den Klassenfotos, die noch im Westen vor der Mauer geschossen wurden, sehen wir aus wie mitgemalt. Ehe wir weiterfuhren, mußten wir die Fotoapparate im Hotel deponieren. Die Mauer drehte sich von West nach Ost. Am »Brunnen der Völkerfreundschaft« stellte sich uns eine junge, schick zurechtgemachte Reiseleiterin mit hennagefärbtem Haar vor. Sie teilte uns mit, daß sie Sonja Engels heiße, und begrüßte uns herzlich in der Deutschen Demokratischen Republik. Da wir diese Klassenfahrt über Jugendtourist gebucht hätten, seien wir vom Pflichtumtausch D-Mark West gegen D-Mark Ost entbunden. Fotografieren und Filmen allerdings sei verboten, verboten sei es auch, von der vorgeschriebenen Route abzuweichen oder bei Verwandten und Bekannten zu übernachten. Wer dennoch Kontakte zu Bürgern der DDR aufnehmen wolle, müsse ihr das bitte jetzt melden.

Wären wir doch lieber nach Rom gefahren.

Immer das Mikrophon vorm Mund, schleppte uns die Reiseleiterin im gläsernen Bus unter die Linden, ans Brandenburger Tor, zum Wachaufzug an der Neuen Wache, Stechschritt zackzack, zum Palast der Republik und zurück zum Brunnen der Völkerfreundschaft. Die Weltzeituhr an der Uraniasäule zeigte Ortszeit Berlin.

Nicht nur im ummauerten Teil dieser Stadt kannte sich Frau Engels aus. Sie begleitete uns am nächsten Tag nach Wittenberg. Wo lag Wittenberg? Für uns war es noch nicht auf die Landkarte zurückgekehrt.

»Und jetzt, liebe Freunde, nähern wir uns Wittenberg. Rechter Hand sehen Sie schon die Doppeltürme der Stadtkirche. Erbaut wurde dieses Gotteshaus mit Ablaßgeldern.«

»Ist das nicht die Marienkirche?« fragte unser Lehrer.

»Gewiß, Sankt Marien wird gemeinhin Stadtkirche genannt. Dort befindet sich die Grabplatte der Katharina von Bora, der Frau Martin Luthers.«

»Die Bora ist doch in Torgau begraben«, konterte ich. Ich mußte es schließlich wissen.

»Gewiß, aber eine Grabplatte erinnert hier an sie. Obgleich adelig geboren, hat sie weitgehend die Privilegien ihrer Klasse abgelegt und hat Gäste aller Stände in ihrem Haus aufgenommen.«

»Jetzt sieht man auch den Turm der Schloßkirche«, rief unser Lehrer, »ihren Turm umläuft die Schrift: Ein feste Burg ist unser Gott.«

»Gewiß, wir werden die Kirche besichtigen. Dort befindet sich die Grabstätte Martin Luthers. Unser Staatsratsvorsitzender Erich Honecker hat ihn einen der größten Söhne des deutschen Volkes genannt, weil er die erste Phase der frühbürgerlichen Revolution eingeleitet hat und weil er mit seiner Bibelübersetzung der kämpfenden Klasse eine neue Waffe in die Hand gegeben hat: die einheitliche deutsche Sprache.« Na bitte.

Als wir dann vor der bronzenen Thesentür der Schloßkirche standen, warf Frau Engels den rechten Arm zurück, als hole sie mit dem Hammer aus und rief wie weiland unser Bühnen-Tetzel:

»Sobald der Gülden im Kasten klingt,
die Seele in den Himmel springt.«

»Im Hui die Seel in Himmel springt«, soufflierte ich. Doch Frau Engels fuhr unbeeindruckt fort und sagte, Geld schachern habe die Kirche immer schon gekonnt. Dagegen habe sich Martin Luther in diesen Thesen gewehrt.

An seinem Grab wurde uns eingebleut, daß der Reformator, aus marxistischer Sicht gesehen, bei allen Einschränkungen hinsichtlich des Bauernkrieges und gewisser großbürgerlicher Tendenzen doch den fortschrittlichen Gestalten zugerechnet werde und in seinen Auswirkungen als europäisches, ja weltgeschichtliches Ereignis gelte. In der Deutschen Demokratischen Republik pflege man das ideelle Erbe der Reformation nicht nur in Jubiläen und Festreden, den Werktätigen werde auch die Spaltung zwischen feudaler gesellschaftlicher Ordnung und Kirche vor Augen geführt, auf der Luther selbst noch zur Zeit seiner absackenden Revolutionskurve nach 1525 eigensinnig beharrt habe.

Unserm Lehrer hat's die Sprache verschlagen. Er lauschte den Worten der Reiseleiterin und gab uns mit Blicken zu verstehen, sie nicht zu unterbrechen. Das müsse man gehört haben. Er konnte es sich dann aber doch nicht verkneifen, die Auswirkungen dieser fortschrittlichen Gestalt auf die europäischen, ja weltgeschichtlichen Ereignisse zu erläutern, und brillierte mit Goethe-Schiller-Lessing-Zitaten, mit Schopenhauer- und Nietzsche-Worten, daß es seine Art hatte und Frau Engels sichtlich nervös wurde. »Bitte folgen Sie mir zur Kanzel.«

»Hat Luther hier nicht die erste Predigt in deutscher Sprache gehalten?« fragte ich.

»Gewiß. Das war 1515.«

»Hat er in dieser Kirche auch die Beichte abgenommen?«

»Nein, meine Liebe, die hatte er abgeschafft.«

»Keineswegs. Nur den Zwang zur Beichte hatte er abgeschafft.«

»Gewiß. Nur den Zwang.«

Frau Engels war durch nichts aus der Fassung zu bringen. Sie redete, wie's im Buche stand, das sie immer parat hatte, aber nur selten aufschlagen mußte.

»Heute ist Wittenberg eine bedeutende Industriestadt. Wir haben hier das VEB-Stickstoffwerk mit 8500 Werktätigen und das VEB-Gummiwerk mit 6300 Werktätigen.«

Eine Frau hat ihre Lektion gelernt. Sie durfte nicht bloß als SW-Betreuerin Bürger aus sozialistischen Wirtschaftssystemen durch die Deutsche Demokratische Republik kutschieren, sondern auch Touristen aus der anderen Welthälfte der nichtsozialistischen Wirtschaftssysteme das Reiseland DDR zeigen. Eine NSW-Betreuerin also. Eine Karrierefrau, die, darüber ließ sie uns nicht im unklaren, Russisch und Englisch sprach und deshalb auch ausländische Reisende betreue; sogar Hobbyreisen für Eisenbahnliebhaber seien ihr schon anvertraut worden.

Ins Stottern geriet sie nur, wenn wir, arrogant wie wir waren, sie baten, uns lateinische Inschriften zu übersetzen oder römische Zahlen zu lesen. Ein Schüler ging zu dem hohen Sarkophag zurück und rief theatralisch: »Sieh da, sieh da, der große frühmarxistische Revolutionär hat 63 Jahre, 2 Monate und 20 Tage gelebt. Ich lese doch richtig?«

»Ein hohes Alter für die damalige Zeit«, sagte Frau

Engels gereizt, »zumal Luther an Gicht, Gallensteinen und Durchblutungsstörungen litt ...«

»Und an Depressionen«, ergänzte ich. »Aber er hatte ja eine tüchtige Frau. Die wußte, welches Kraut gegen welche Krankheit gewachsen war. Das hatte sie im Kloster gelernt.«

Frau Engels nickte: »Dafür daß diese Katharina von Bora aus der besitzenden Klasse hervorgegangen war, hat sie ein erstaunliches Verständnis für alle Kranken und Armen gehabt und für die Ausbeutung und Not des vierten Standes.«

Frau Engels wäre mir nur als Sprechpuppe in Erinnerung geblieben, wenn ich nicht gemeutert hätte, als wir vorm Katharinenportal des Schwarzen Klosters standen. Ich fände es hirnrissig, sagte ich laut, daß man nicht fotografieren und filmen dürfe; und wieso verbiete man Touristen aus der Bundesrepublik den Kontakt zu DDR-Bürgern? Tausende privatreisende Westdeutsche besuchten doch dauernd ihre Verwandten. Ich würde sehr gerne mit jungen Leuten ... würde gerne mit jungen Leuten ...

»Ich habe meine Vorschriften.« Frau Engels gab keine beschwichtigenden Erklärungen ab. Aber ihre Stimme war zum ersten Mal kleinlaut. Sie hatte ihre Vorschriften. Von denen durfte sie keinen Fingerbreit abweichen. Was diese Vorschriften alles vorschrieben und untersagten, wußte unser Lehrer genau. Wann immer es sich einrichten ließ, erzählte er es uns hinter der hohlen Hand, als werbe er um Verständnis für die Reiseleiterin und warne gleichzeitig vor ihr. In den beiden Wittenberger Tagen rückte er uns die roteingefärbte Frau in ein anderes Licht. Sie habe eben einen Weg gefunden, zwischen ihren Mauern und Gesetzen doch ein bißchen Weltluft zu schnuppern. Wenn sie schon nicht selber reisen dürfe, wohin sie wolle, könne sie wenigstens mit weitgereisten Leuten zusammensein und die sogar noch belehren: »Katharina von Bora hatte hier auch schon eine Kassettendecke einziehen lassen«, erklärte sie in der Lutherstube, »aber die Engelsköpfe und Blumengewinde sind erst bei der Neuvertäfelung 1629 darauf gemalt worden.«

Man zahle einen hohen Preis dafür, meinte unser Lehrer, wenn man Engelsköpfe und frühbürgerliche Revolution in einem Atem sagen müsse, Schloßkirche und Palast der Republik, Katharina von Bora und Ausbeutung des vierten Standes.

Unser Lehrer war 1967 aus Ungarn geflohen. Er kannte sich aus in Staaten, die nur durch Verstärkung des Sicherheitsapparates bedrohlichen Einflüssen von außen vorbeugen können. Wir haben manche Lektion bei diesem Lehrer gelernt, die geflüsterte in Wittenberg im Schlepptau der Sonja Engels war eine der eindrücklichsten: Wer hierzulande, wo allen das Feindbild tief ins Gemüt gesenkt wurde, westliche Touristen führen dürfe, habe vor jeder Reise seine Instruktionen empfangen samt streng geheimzuhaltender Formblätter. Ich könne sicher sein, daß mein Aufmucken gegen Foto- und Filmverbot als oppositionelle Meinung bewertet und unter »Besondere Vorkommnisse« eingetragen sei. Und das Wort »hirnrissig« im Hinblick auf die Abkapselung der Reisegruppen könne mir zum Verhängnis werden. Nicht einmal ein kleines Dankgeschenk dürfe Frau Engels von uns annehmen, das gelte als Bestechung. Eine NWS-Betreuerin werde ihrerseits beschattet, damit sie nicht etwa ihre Nase über die Mauer stecke, ihren Hals lang mache wie die gesprayte Giraffe: Wo liegt Paris, wo Rom, Mallorca, Haiti? Wo die Seychellen, die Inseln der Seligen?

Wo in aller Welt liegt Wittenberg? An der Grenze zur Barbarei, hat Luther geklagt, als sein Orden ihn in weiser Personalentscheidung dorthin in das Augustinerkloster entsandte mit dem Auftrag, theologische Vorlesungen an der neugegründeten Universität zu halten. In den Straßen Wittenbergs wate man knietief durch Stallmist und Schlamm, klagte der junge Professor, selbst die Schweine tummelten sich hier, und rings um das Zweitausendseelennest erstrecke sich eine Sandwüste, auf den Äckern finde man mehr Steine als Krume.

Aus gegebenem Anlaß wird Martinus wenige Jahre später seine Stadt besingen. Da hatte er die Mönchskapuze mit dem Doktorhut vertauscht. Da stellte die junge Universität alle anderen deutschen Hochschulen in den Schatten. Da lag Wittenberg nicht mehr am Rand der Barbarei, da lag es gar am Jordan, der Himmel hing, wie auf einem alten Holzschnitt, voller Geigen, und im flachen Wasser tauft Johannes den Nazarener, und Luther steht Pate.

> Wittenberg, die arme kleine Stadt
> einen großen Namen itzund hat
> von Gottes Wort, das hieraus leucht...

LUTHERSTADT WITTENBERG steht auf den Wegweisern. Lutherstadt. Lutherhof. Lutherhaus. Lutherhalle. Lutherstube. Lutherkirche. Lutherkanzel, Luthergrab und Lutherdenkmal. Lutherzeit und Luthertum. Wo in aller Welt finde ich Katharina in der Lutherstadt?

Wie nach Breda und Nimbschen wurde sie auch hierher verbracht, freilich nicht mehr ohne ihr Einverständnis. Hierher hat sie gewollt. Wohin auch sonst? Vater und Brüder waren vielleicht schon verstorben oder wollten die entwichene Nonne nicht wieder aufnehmen. Eine Zisterzienserin, die ihr Gelübde gebrochen hatte, bedeutete eine Schande für die Familie.

Zwölf abtrünnige Klosterfrauen sind zu mir gekommen, schrieb Luther 1523 an den Hofkaplan Spalatin nach Erfurt, nur drei wurden von ihren Leuten aufgenommen. Ein beklagenswertes Völklein. Mich jammert ihrer sehr. Ihre Flucht ist ein wahres Wunder. Bettele bei Deinen reichen Hofleuten um etwas Geld für sie.

Der Herr Professor für Bibelerklärung hatte immer noch die Almosentasche am Gürtel und sammelte, was er für seine Schutzbefohlenen kriegen konnte. Aber der Bettelsack hatte ein großes Loch, es reichte kaum für das Nötigste.

Sodann mußte er zusehen, wie er die neun Jungfrauen unterbrachte, will sagen, wie er sie unter die Haube brachte. Was sonst hätte er mit ihnen anfangen sollen? Als Heiratsvermittler muß der Junggeselle Martin eine glückliche Hand gehabt haben. Kaum ein Jahr verging, da waren acht der neun geistlichen Nymphlein, wie die Leute sie schmählich nannten, in den heiligen Ehestand getreten, Ave, Margaretha, Lenotha, Veronika und wie sie alle hießen, namentlich bekannt samt ihren Ehemännern.

Nur mit der neunten ging es nicht gut, mit der merkwürdigsten von allen, wie Luther verlauten ließ. Die Rede ist von Katharina von Bora. Ihr hat der Herr Professor einen gewissen Doktor Caspar Glatz zugedacht, seines Zeichens Patronatspfarrer zu Orlamünde, einen honorigen Menschen, zweifelsohne, der sie auch gerne genommen hätte. Aber sie wollte ihn partout nicht haben. Warum wohl nicht? Wer weiß, was für einer er war, ein Philister vielleicht, ein Langweiler mit glatter Zunge? Mit wem verglich Katharina ihn? Doch nicht etwa mit Luthern, der, wie viele Zeitzeugen übereinstimmend berichten, gleichzeitig bezauberte und erschreckte, ein Mann mit blitzenden schwarzen Augen und scharfsinniger Rede? Sein hoher, brennender Mut war ansteckend für jeden, der ihm gegenübertrat.

Auch für Katharina? In meiner Phantasie lasse ich sie von ihm träumen, lasse sie erröten, wenn sie sich zufällig auf der Straße begegneten oder wenn er Gast im Haus des Stadtschreibers Reichenbach war, in dem er die Jungfrau untergebracht hatte. Da wurde er wie ein Fürst empfangen und bedient. Seine Berühmtheit war schon legendär, aber er scherte sich nicht darum. Er hatte so viel zu tun, daß er nicht wußte, was zuerst und was zuletzt zu erledigen sei. Unter anderem mußte er also entwichenen Nonnen, die allesamt heiratswillig waren, Ehemänner besorgen. So auch dieser Bora den Pfarrer aus Orlamünde. Aber das Nönnlein aus dem Sächsischen gab dem Bewerber glatt einen Korb und bewies dem Herrn Professor zum ersten Mal ihr Durchsetzungsvermögen. Herr Doktor Glacius? Nein, bitte nicht. Und wenn er noch soviel um sie herumschwänzelte.

Ein hochmütig Ding, wetterte der Ehevermittler. Was man dem Jüngferlein vorschlage, sei ihm zu gering, dem Ding. Ein hoffärtiges, verstocktes Gemüt habe diese Bora.

Was wußte er schon von Frauen!

Es ist da noch ein anderer Freier gewesen, Hieronymus Baumgärtner mit Namen, ein an Frömmigkeit und Bildung hervorragender Mann, ein Patriziersohn aus Nürnberg, hier in Wittenberg mit seinen Studien befaßt. Der fand Gefallen an Katharina und sie an ihm. Den hätte sie nur allzugern zum Gemahl genommen. Aber der war auf eine Mitgift angewiesen.

Sie war arm wie eine Kirchenmaus. Das Bild paßt hierher. Nicht einmal eine Truhe mit Bett- und Leinenzeug brachte sie mit. Selbst die Kleider an ihrem Leib hat ihr Frau Reichenbach geschenkt, abgelegte, nehme ich an. Hat sie ausstaffiert für die Welt mit Unter- und Oberröcken, Miedern, Mädchenhauben, Strümpfen und womöglich auch mit Schuhen, weil dies geistliche Nymphlein ja einen Schuh auf der Flucht verloren hatte. Im Hause Reichenbach ist Katharina ihrer Wohltäterin zur Hand gegangen. Kein beneidenswertes Los, fremder Leute Brot essen zu müssen, ohne Familie und sage und schreibe schon vierundzwanzig Jahre alt zu sein, die letzte vom beklagenswerten Völklein, die Sitzengebliebene. Was sollte aus ihr werden? Ihre Zukunft lag weiß Gott nicht in rosigem Licht.

Auch Luther bedauerte sie. Noch einmal beschwor er seinen Schüler Hieronymus Baumgärtner, die von Bora zu sich nach Nürnberg zu holen, ehe sie denn einem anderen gegeben werde, der bei der Hand sei. *Sie hat die Liebe zu Dir, lieber Hieronymus, noch nicht überwunden.*

Wer da noch zur Hand gewesen wäre, ist nicht bekannt. Überliefert hingegen ist, daß diese merkwürdige Bora, das hoffärtige Ding, den nächsten Nächstbesten auch nicht haben wollte. Sie ließ aber den Herrn Professor Luther durch dessen Kollegen Nikolaus Amsdorf aufs allerunbefangenste wissen, ihn, Luthern, würde sie nehmen. Falls er sich, entgegen allen Beteuerungen, dennoch zur Heirat bequemte, würde sie nicht dagegen sein, seine Gemahlin zu werden.

Solche Verlautbarungen machen Katharina lebendig. Ein spätes Mädchen in einer Liebesgeschichte. Den einen will sie nicht: Katharina Glatz? Da sei Gott davor. Den anderen kriegt sie nicht. Katharina Baumgärtner ohne Mitgabe und Ausstattung? Das hat nicht sollen sein. Weitere Kandidaten können ihr gestohlen bleiben. Sollte aber der Herr Professor seine Bedenken gegen die Ehe aufgeben und sie fragen – da würde sie nicht nein sagen und mit Freuden Katharina Luther werden.

Potztausend, sind wir im falschen Text? Ein Frauenzimmer tat den ersten Schritt? Wieviel Überwindung gehörte seinerzeit dazu. Wieviel Übermut, mehr als Mut. Und wieviel Selbstbewußtsein. Was bildete sich diese merkwürdige Bora eigentlich ein? Hatte der Herr Professor überhaupt Zeit für eine Frau? Täglich wurde er von so vielen Briefen überschüttet, daß Tische, Bänke, Schemel, Pulte, Kästen, Borde und sogar die Dielen voller Schreiben lagen mit Fragen, Händeln, Klagen und Bitten. Zweieinhalbtausend solcher Briefe sind heute noch nachzulesen. Dieser gelehrte Mann hätte eine Kanzlei mit Sekretären und Schreibern benötigt, um alle Anfragen, Wünsche und Gutachten erledigen zu können. Aber er mußte selber schreiben und schreiben. Abgesehen davon, daß er vor lauter Briefschreiberei bald starb, mußte er Händel schlichten und Fürsten beschwichtigen, predigen, Vorlesungen halten und disputieren, übersetzen und Visitationsreisen machen, mußte sich mit Gott und dem

Teufel herumschlagen, die Welt bewegen und einer Ära seinen Namen geben.

Welche Gedanken verschwendet einer, dessen Herz zittert und zappelt, um einen gnädigen Gott zu kriegen, an eine Frau? Welche Gedanken verschwendet einer, der sich ewig mit der Ewigkeit herumschlägt, an eine Frau? Hatte er nicht lauthals verkündet, niemals heiraten zu wollen? Über zwei Zöpfe straucheln wie König David, der doch einen Löwen zerriß und den Goliath schlug – bei Gott, das wollte Martinus nicht. Zwar hatte er erstaunlich viel über die Ehe geschrieben und sie jedermann anempfohlen. *Wachset und mehret euch, das ist ein göttlich Werk, das nicht bei uns steht, zu verhindern oder zuzulassen, sondern es ist ebenso not, daß ich ein Mannsbild sei, und nötiger denn essen und trinken, schlafen und wachen. Es ist eine eingepflanzte Natur und Art, ebenso wohl als die Gliedmaßen, die dazu gehören.* Das also verkündete ein vollblütiges Mannsbild wie er? Warum war er nicht zur Heirat zu bewegen?

Er schlage sich mit anderen Anfechtungen herum, verteidigte er sich. Er sei weder aus Holz noch aus Stein, und wenn er als Junggeselle abends so schläfrig nicht wär, so würd er sich gar förchten in den leeren Zellen.

Dennoch wies er eine Verehelichung weit von sich, denn im Ehebett vergesse man das Gebet. Er nannte sich einen trägen, verruchten Liebhaber und doch einen Frauenverehrer. Ja, er mische sich derart gern unter Frauen, daß er sich wundere, nicht schon selbst eine Frau geworden zu sein. Was aber hätte einer wie er seinem Gemahl zu bieten? Ein Ketzer sei er, der täglich die Strafe erwarte, die er für seine Lehre verdiene. Den gerüsteten Scheiterhaufen führe er sich täglich vor Augen.

So einen wollte die Bora haben? Einen, der gefaßt dem Jüngsten Tag entgegensah und dennoch inbrünstig betete, noch eine Zeitlang weiterleben zu dürfen? Einen, der lebte wie bald nach der Erschaffung der Welt und nicht mehr lange bis zu ihrem Untergang? Einen, der mit unaussprechlichem Seufzen die arge Welt beklagte, sich selbst aber des Herrgotts Quecksilber nannte? Einen Menschen so voller Widersprüche, daß er schier barst? Verketzert von den einen, von den anderen hymnisch gelobt; verflucht und heiliggesprochen. Sein Leben sprengte alle geläufigen Maßstäbe, so daß es an Vergleichen fehlte. Solltest du je in Berührung mit auch nur einem Wort von ihm kommen, sagten die Freunde, ist es um dich geschehn.

Ausgerechnet so einer sollte es sein? Das traute Katharina sich zu? Das Nönnlein aus dem Sächsischen muß ganz schön mutig gewesen sein. Oder war sie durchtrieben und wollte die Frau an der Seite des berühmten Mannes werden? War sie nur einfältig? Ließ sie den Mann, auf den sie ein Auge geworfen hatte, treuherzig wissen, daß sie ihn nehmen würde, wenn ... Trug sie ihr Herz auf der Zunge? Nur die Unbestimmtheit der Überlieferung läßt so viele Versionen zu. Die banalste und schönste wäre: sie hat sich verliebt, egal ob der Erwählte nun Luther hieß und ob ihr neben ihm auch ein bißchen Weltruhm bevorstehen würde. Die erhabenste Lesart gehörte in ein Gebetbuch: Katharina wollt hier in Wittenberg ein wenig mitleuchten in dem Licht, das hieraus leucht', wollte an Martins Seite den Schritt aus der Religion in den Glauben tun.

Darum würde sie ihn liebend gern zum Manne nehmen, wenn ...

Ja, wenn es auch um ihn geschehen wäre. Das war es aber mit Sicherheit nicht. Was also wollte er, als er 1525 am Sonntag der Heiligen Dreifaltigkeit im zweiundvierzigsten Jahr seines Lebens die Klosterjungfrau Katharina von Bora ehelichte? Den Lästerern das Maul stopfen wollte er. Er mache sich durch seine Heirat so verächtlich und gering, tat er kund, daß die Engel lachen und die Dämonen plärren werden, weil Gott ihn, während er ganz anderen Gedanken nachgehangen, wunderbar in die Ehe geführt habe mit Katharina, jener Nonne. Auch habe ihn der letzte Gehorsam gegen seinen Vater zur Heirat getrieben, dem er die Hoffnung auf Nachkommenschaft nicht enttäuschen wolle. Zwei seiner Brüder seien innerhalb einer Woche an der Pest gestorben, er sei nun der letzte Namensträger.

Also hielt er um die Sitzengebliebene an: Ich weiß wohl, Jungfer Katharina, kaum habe ich gesagt, mir werde niemand eine Frau aufdrängen, da besinne ich mich eines Besseren und frag Euch, ob Ihr es mit mir aufnehmen wollt in meinem verrotteten Kloster. Ich weiß wohl, Ihr würdet ein Paradies daraus machen... Ohne ein Zitat ging es bei dieser Werbung gewiß nicht ab, nicht ohne erste Mose zwo achtzehn, wo geschrieben steht, es sei nicht gut, daß der Mensch allein sei; nicht ohne Paulus, der gesagt hat, ein jeder müsse selber prüfen, ob er freien wolle; und keinesfalls ohne die Sprüche Salomonis, die Martinus so gern im Munde führte: Wer eine Ehefrau gefunden, der habe etwas Gutes und so weiter. Umständlich genug wird sich der ehemalige Mönch der ehemaligen Nonne erklärt haben.

Vielleicht hat der offenherzige Luther seiner künftigen Frau auch erzählt, daß nie Klugheit und eigene Entscheidung ihn an jeder Lebenswende bestimmt hätten. Absichtslos sei er vielmehr immer geführt, ja gestoßen und getrieben worden, wohin er gar nicht gewollt habe. Ins Kloster habe ihm ein Blitz geleuchtet, von Angst geblendet, nicht aus freien Stücken, sei er seinerzeit Mönch geworden. Das Doktoratsstudium hier in Wittenberg sei ihm gegen seinen Willen von der Ordensleitung auferlegt worden. Und gar das Predigeramt! Gott allein wisse, wie er sich davor gefürchtet; im Traum habe ihn oft genug die Angst gequält, predigen zu müssen und kein Konzept zu haben. Und auch das Amt des Hochschullehrers habe er sich nie gewünscht, ganz zu schweigen davon, daß er sich nicht zugetraut habe, seine große Entdeckung der Heiligen Schrift gegen eine feindliche Welt zu verteidigen. Ja, und auch eine Heirat sei ihm bis vor kurzem nicht in den Sinn gekommen.

Bis vor kurzem. Seine Freunde wußten: Eigentlich hat Luther, wenn überhaupt eine, die zarte Ave von Schönfeld zur Frau haben wollen. Aber die war schon dem Doktor Basilicus, einem Medicus in Ostpreußen, angetraut. Wer so lange zögerte, hatte das Nachsehen.

Katharina als Lückenbüßerin? Als Ersatz für die zarte Ave, von der es kein Bild gibt?

Als frisch Vermählte saß Katharina Luther Lucas Cranach zum ersten Mal Modell, und der Meister malte sie, wie sie da saß: nicht eben bräutlich und zart, eher streng und souverän, zu deutsch unabhängig. Der Eindruck entsteht durch die Entschiedenheit der Linien. Die Frauenhaube läßt die sehr hohe Stirn frei. Die Mandelaugen stehn schräg unter steil ansteigenden Brauen. Ein

Ikonengesicht. Die Lippen, in Öl nachgezogen, sehn aus, als wollten sie sagen: Ich bin genau da, wo ich hingehöre, neben keinem Geringeren als dem, der alles Gültige auf den Kopf gestellt und mich aus blindem Kirchengehorsam gerissen hat.

Sehe ich zuviel in sie hinein? War sie nur heilfroh, doch noch unter die Haube gekommen zu sein? Wünschte sie sich insgeheim, schöner, lieblicher, großäugiger zu sein, um an der Seite ihres stattlichen Mannes repräsentieren zu können? Hofften Frauen zu ihrer Zeit und in ihrer Lage, glücklich zu werden?

Schön oder nicht schön. Glücklich oder nicht glücklich. Die Frau Luthers geriet ins Rampenlicht und sah sich mitten in einem Skandal. Die unablässigen Beobachter ihres Mannes verfolgten nun auch sie mit noch hämischeren Blicken. Begriff sie, daß ihre Heirat die Welt und die Weisen erregte? Die Lästerer, denen Martinus das Maul hatte stopfen wollen, rissen's um so weiter auf; sieh da, sieh da, der Doctor biblicus, vom Glauben predigt er, den niedrigsten Gelüsten frönt er. Und das Mensch aus dem Sächsischen, jene entlaufene Nonne, man weiß ja, hätte ihre Jungfrauenschaft, die köstliche Perle, besser bewahren sollen, wie sie es gelobt, hätte mit Seufzen und Beklagen der verlorenen Zeit warten sollen, bis der himmlische Bräutigam sie mit Frohlocken ins Brautgemach geführt hätte. Nun aber, dem Himmel sei's geklagt, führe ein höchst irdischer Bräutigam, von der Begierde übermannt, sie in ein Lotterbett.

Alle Welt starrte auf diese hanebüchene Hochzeit, und die Wittenberger starrten der Braut auf den Leib, ob der sich nicht schon wölbte unter dem Seidensamtkleid, sie als Hure und Luther als Sündenbock entlarvte.

Ein Mönch- und Nonnenkind könne sich zu keinem menschlichen Wesen entwickeln. Eine Ausgeburt der Hölle werde das Licht der Welt erblicken, ein Monstrum ohne Kopf, mit umgedrehten Füßen. Man warte nur ab!

Viele hatten Luther bisher fast heiliggesprochen: der neue Paulus sei er, der Elias, den der Prophet Maleachi als Vorläufer des wiederkehrenden Herrn erwarte. Nüchternere Zeitgenossen sahen in ihm den Mann mit dem Riesenmut, dem allein es gelingen könnte, die Kirche von ihren Schäden zu heilen. Dazu war er ausersehen und wohlgerüstet, ein Professor der Gottesgelahrtheit, ein ordnungsgemäß berufener Prediger, vom Heiligen Geist mit Wortgewalt ausgestattet.

Dieser Mann heiratete. Potzblitz, sagten die Leute, er hat gar hoch gegriffen, die ehemalige Nonne ist von Adel. Selbst der treue Freund Philipp Melanchthon war entsetzt: Diese Bora habe sich wohlweislich auf alle Liebeskünste einer Hübschlerin verstanden, so habe sie den edeldenkenden, arglosen Martinus in die Tändelwochen gelockt und an die Leine gelegt. Reingefallen sei er auf das Nönnlein. Doch abgesehen davon heirate man ohnehin nicht Hals über Kopf und schon gar nicht in so blutigen Zeiten wie diesen, wo selbst der Himmel seinen Tau zurückhalte; da nehme man einen tiefgreifenden Wechsel wie eine Eheschließung nicht vor. Nun aber dieser unglückselige Schritt nicht mehr rückgängig zu machen sei, trage man's mit Langmut; vielleicht mache ja ein ehrbares Eheleben Luthern ernster und treibe ihm die Possen aus.

Kamen Klatsch und Empörung Katharina zu Ohren? Wurde ihr zugetragen, was Martins Arzt Doktor Schurff verbreitete: Sein berühmter Patient habe die Falsche geehelicht, sein großes, die Welt bewegendes Werk werde durch solche Torheit zunichte gemacht? Erfuhr die junge Frau, daß sogar der große Erasmus von Rotterdam öffentlich verkündete, der Wittenberger habe jene Nonne, das Weibsbild, nur gezwungenermaßen heimführen müssen, weil er sie schon geschwängert habe? Kamen ihr die Spottbilder vor Augen, auf denen wildgewordene Mönche und Nonnen ein Paar umtanzen, das sich seiner Kutten entledigt? Mußte sich Frau Luther das hämische Geflüster über ihre Hochzeitsnacht mitanhören: ein überfälliger Junggeselle von zweiundvierzig Jahren, ein in Liebesdingen unerfahrener Mönch und eine Nonne, in nichts als Sitte und Anstand unterwiesen; womöglich glaube die noch, daß die Menschen sich nach Art der Engel vermehrten. Wenn das man gutgeht...

Begriff Katharina jetzt, daß Luthers Welt voll Teufel war und wollt ihn gar verschlingen; fürchtete sie sich aber nicht so sehr, weil sie wußte: er hatte sich ja nicht selbst in die Sach geführt und war nicht von Menschenweisheit beraten?

Aus jener Nonne wurde die Lutherin leiblich und wohnhaftig zu Wittenberg, meine gnädige Hausfrau, mein Liebchen, meine herzliebe Käthe, tiefgelahrte Doktorin, Predigerin, Gärtnerin, Bräuerin, Saumärktin und was sie mehr sein kann, meine Rippe, meine sorgfältige Frau, meine Richterin, mein Morgenstern zu Wittenberg und wie Euer Gnaden sonst noch heißen und der übermütige Martin sie sonst noch nannte. Er machte sie sogar zur Domina des Schwarzen Klosters, ein Ehrentitel, den nur die Äbtissin in Mariathron beansprucht hatte.

Katharinas zweite Häutung. War gerade erst aus der Nonne das hoffärtige Jüngferlein geworden, dem der Glatz zu gering war, so wurde nun aus dem hochmütigen

Ding die Lutherin, aus der Sitzengebliebenen, die eben zuhanden war, für die der Herr Doktor zunächst keine hitzige Liebe und Leidenschaft empfand, die herzliebe Käthe. *Kein lieblicheres, freundlicheres, holdseligeres Verwandtnis denn eine gute Ehe.* Diese schöne vollkommene Verpuppung ereignete sich in kürzester Zeit, denn Luther lobte sein Weib alsbald in den höchsten Tönen und wollt sein Lieb nicht um ganz Frankreich und Venedig mehr hergeben. Sah er doch nun beim Erwachen ein paar Zöpfe neben sich im Bette, die er nie zuvor gesehn. Nun war er kein träger, verruchter Liebhaber, sondern stolperte wie König David nur allzugern über die zwei Zöpfe. *Nichts Liebres gibt's auf Erden als frommer Frauen Liebe, Amen.* Nun war er der Mann Gottes und Katharinas, wie Heinrich Heine es sagen sollte.

Das Brautbild der Lutherin auf der Wartburg, das erste der ungeschönten Cranach-Gemälde, zeigt eine junge Frau, die weiß, was sie will, wen sie will, und die ihre schräggeschnittenen Augen nicht niederschlägt, wenn die Ohrenbläser und Ehrabschneider sie herabzusetzen suchen, ja, die sogar darüber lachen kann, daß sie in anderer Leut's Mäuler geraten ist. Ihr Konterfei zeigt eine stolze Frau, die sich von allen Geschlechtsgenossinnen herausgehoben weiß, denn Glanz fiel genug auf sie ab. Es hieße ihr Andenken verfälschen, wollte man eine bedauernswerte, unterdrückte Frau aus ihr machen, ein Weibchen neben einem Genie, das mit Tintenfässern um sich schmiß. Die Bilder erzählen es anders. Nur durch Cranach wissen wir, wie die Lutherin ausgesehen hat. Unter seinen Portraits fand man, als man sie durchleuchtete, penible Vorzeichnungen und Studien von Katharinas Gesicht.

Im Lauf der Jahrhunderte wurden immer wieder Szenen von der Lutherhochzeit gemalt, als habe schon ein Fotograf jede Phase der Zeremonie festgehalten. Die Braut allerdings sieht auf diesen Radierungen und Stichen der Cranachschen Käthe nicht ähnlich. Spätere Künstler haben eher einen Raffaelfrauenkopf kopiert und ihn einer holdseligen Jungfer aufgesetzt, ein Haupt, so tief geneigt, als erwarte die Braut den Schwertstreich auf dem Schafott und nicht den Segen von Stadtpfarrer Bugenhagen.

Fein gepinselt und gestochen wurde auch die Hochzeitstafel mit allen Köstlichkeiten, die Martin nach Bettelmönchart zusammengebracht hatte: Enten, Fasane, Forellen, Trauben, Wein und Bier. Es fehlt auch nicht an Darstellungen, auf denen man sieht, wie das Paar in die Brautkammer geleitet wird. Zwei Zeugen mußten abwarten, bis das Beilager vollzogen war, das will sagen, bis die frisch Vermählten sich niedergelegt hatten, *auf daß der Mann und das Weib zwei Seelen werden und ein Leib.* Der Trauzeuge Justus Jonas berichtet, er habe sich bei diesem Schauspiel der Tränen nicht erwehren können.

Schauspiel? Lebte Katharina heute, wäre sie den Medien ausgeliefert, würde in die Weltpresse katapultiert und von einschlägigen Illustrierten gehätschelt. Ruf und Verruf. Sie wäre die entsprungene Nonne, die Hure, die Karrierefrau, je nachdem wie man sie just ins Bild zu setzen beliebte. Gewisse Magazine böten ihr Unsummen für ein Titelbild oder ein Interview an …

Luthers hochzeit sollte das Singspiel heißen, das Thomas Mann, angeregt durch Richard Wagners »Meistersinger«, noch hatte schreiben wollen. Er starb achtzigjährig, ohne seinen Plan noch ausführen zu können. In sein Riesenwerk hätte Luther gepaßt, den er eine der drei Monumentalgestalten genannt hat, in die der deutsche Geist sich verkörpert habe: *ein Fels, ein Schicksal, ein heftiger, roher, dabei tief beseelter inniger Ausbruch deutscher Natur, zart und zugleich voller Wucht, sinnig, sinnlich, schimpffroh, ein stiernackiger Gottesbarbar.*

Wie wäre Katharina weggekommen in diesem nie geschriebenen Schwank, der gewiß voller funkelnder Ironie, voller Klarheit und Heiterkeit gewesen wäre, denn der ihn hatte schreiben wollen, gehörte zu den wenigen Dichtern deutscher Zunge, die lieber tief- als hochstapeln, lieber schalkhaft alles zum Geringeren hin verstellen, als pathetisch aufzuwerten. Wie wäre Luther da aufgetreten, zart und voller Wucht, ein Fels, in dem solche Bärenkräfte stecken, ein Gottesbarbar, der in steter Balgerei mit dem Teufel lag und in stetem, nie unterbrochenem Gespräch mit seinem Gott? Und wie wäre Katharina neben ihm präsentiert worden, sein Nönnlein, seine Rippe, sein Bettschatz, seine herzliebe Käthe?

Ein kurzweiliges Singspiel im Wagnerschen Sinne ist unserem Lehrer nicht gelungen, obschon er mit vielen Gesangseinlagen aufwartete, um vor allem die Stimme des Engels zu Gehör zu bringen.

Unsere Bühnenhochzeit begann für mich im Umkleideraum. Dort half mir eine Lehrerin in mein rotsamtenes Brautkleid. Mit den Worten: »Jetzt bist du eine Frau,

Katharina«, setzte sie mir eine Haube auf und schob mich vor den Spiegel. Was mir da entgegenblickte, sah einmal mehr der Stehfigur auf Katharinas Grabplatte ähnlicher als dem Cranachschen Brautbild. Die Lehrerin schnürte mir das Mieder über der Brust und nestelte das Unterfutter aus den Falten des weiten Rockes. »Also dann, ab durch die Mitte. Und denk daran: dein Ja muß man hören.«

Mein Ja gab ich Martin vor dem geschlossenen Vorhang. Dort knieten wir dicht nebeneinander auf den harten Bühnenbrettern. Stadtpfarrer Bugenhagen fragte den Bräutigam, ob er die hier anwesende Katharina von Bora zur Frau begehre, und fragte mich, ob ich den hier anwesenden Doktor Martin Luther zum ehelichen Gemahl begehre.

Ich begehrte den dicken Jungen neben mir nicht einmal im Traum und er mich schon gar nicht. Als er mir, weil die Regie es so wollte, nach Gebet und Segen aus meinen schweren Röcken aufhelfen mußte, packte er mich derb am Arm, genauso brutal, wie er auch schon während der Proben mit mir umgesprungen war, ganz zu schweigen von dem unumgänglichen Kuß, den er mir nunmehr zu geben hatte, dem Lippenstups, dem Nasenstüber. Ich spürte seinen heißen Atem. Er roch nach Zigaretten, aber er sprach also: »Du hast einen frommen Mann, der dich liebhat. Du bist eine Kaiserin, Katharina.«

So stand's im Rollentext, und so ist es überliefert. Vor aller Augen streifte er mir den Ring auf den Finger. Die Zeugen traten hinzu und umarmten mich.

»Gott segne dich, Katharina, und schenke dir viele Kinder.«

Muhme Lene drückte mich ans Herz: »In Freud und auch im Leid, ich stehe dir zur Seit.«

Bugenhagen verneigte sich vor mir: »Eine Kaiserin, Katharina.«

Der Vorhang rauschte auf. Ich wurde zu Tische geführt. Im Zugwind flackerten die Kerzen auf unseren Silberleuchtern. Manche erloschen. Martin zündete sie eigenhändig wieder an.

Ich thronte an der Längsseite der festlich gedeckten Tafel mit Blick in den dunklen Saal. Neben mir der, dessen Glanz auf mich abstrahlen sollte. Spielleute spielten uns auf mit Lauten und Pfeifen. Man reichte uns Speisen und brachte fürstliche Geschenke. Ein Bote des Erzbischofs Albrecht von Mainz übersandte uns in einem Silberkästchen zwanzig güldene Gulden. Außer meinem Ja hatte ich in der Hochzeitsszene nichts zu sagen, hatte nur dazusitzen, in die Runde zu schauen, zu strahlen und glücklich auszusehn, wie's einer Braut geziemt; hatte hoheitsvoll nach allen Seiten zu nicken und hin und wieder meinen Becher zu heben, wenn einer der Gäste mir zuprostete. Martin mußte mir die Hand tätscheln. Jetzt hätte ich am liebsten mit ihm getanzt. Ja, wenn es nach mir gegangen wäre, hätte ich am Abend der ersten Aufführung nach dem Gedudel der Spielleute getanzt, so abgehoben hatte ich. Ich war eine Kaiserin. Ich war berauscht, als schäumte nicht Selterswasser, sondern das starke Torgauer Bier in meinem Becher. Vater Luther erhob sich, nannte Martin seinen lieben Sohn, an dem er wieder Wohlgefallen habe, und nannte mich dessen vertrautes Weib: »Du bringst mehr als eine Mitgift ein«, rief er mir zu, »du bringst ein unverbrauchtes Leben und ein reines Herz. Gott schenke dir viele Kinder.«

Meister Cranach pries in seiner Tischrede meine Tüchtigkeit, die ich im Hause Reichenbach bewiesen: kochen, backen, schlachten, brauen, räuchern und wachen, daß nichts von allen guten Gaben verdürbe – das mache mir keine andere Frau nach; auch Kerzen aus Honigwachs könne ich ziehn. Aus diesem heruntergekommenen Kloster werde ich ein Paradies machen und das Feuer nicht ausgehn lassen, des sei er gewiß.

Zuletzt meldete sich noch der gute Koppe zu Wort, um allen zu erzählen, wie er mich und meine Betschwestern vor nunmehr zwei Jahren mit sonderlicher List und Behendigkeit aus dem Kloster Mariathron entführt und hierher nach Wittenberg verbracht habe:

> Nun seid Ihr Martin Luthers Weib,
> ihm inniglich zu eigen,
> erwählet und gebenedeit,
> selbst Fürsten sich verneigen.

Bei diesen Worten hob Koppe die Silberdose hoch. Die Gulden klapperten. Ich kam wieder zu mir. Was Martin war, der verkündete laut, er werde diesen Judaslohn samt der Silberdose zurücksenden; jawohl, von einem Erzbischof, der ihn und seine Lehre befeinde, nehme er keinen Pfennig, denn unredlich sei solches Gut erworben, erpreßt mit der Angst der Gläubigen, vermehrt nach dem Beispiel der Fugger, denen allemal zwei mal zwei fünf sei. Darum müsse man die Mistpfütze des Wuchers hassen.

Mein hitziger Mann stieß seinen Stuhl zurück und sprang auf. Mit wackeligen Schritten, als habe der Wein ihn trunken gemacht, umrundete er den Tisch und gab allen zu verstehen, warum er kein Honorar für seine Bücher und Übersetzungen nehme und kein Kolleggeld von seinen Studenten. Er redete mit Händen und Füßen. Meine Mutter hat später gesagt, in dieser Szene sei Martin ein echter Luther gewesen, nachgespielt von Charlie Chaplin. Bevor mein Mann wieder neben mir Platz nahm, hatte ich mit einem Taschenspielertrick die Silberdose mit den zwanzig Gulden – ein Vermögen für eine arme Kirchenmaus, die einen Hausstand gründen wollte – in meinem rotsamtenen Beutel verschwinden zu lassen. Die Zuschauer klatschten Beifall.

Wie ich mich auf meiner Spurensuche nach Katharina endlich Wittenberg nähere, sehe ich rechter Hand die Doppeltürme der Stadtkirche, will sagen der Marienkirche. Ich fahre zuerst zum Hotel, wo ich ein Zimmer und einen Abstellplatz für mein Auto gebucht habe.

Am nächsten Morgen will ich die erste sein, die durch das Katharinenportal ins Lutherhaus eingelassen wird. Obgleich ich mich an die Öffnungszeit gehalten habe, wird schon eine holländische Reisegruppe durch das Erdgeschoß des Schwarzen Klosters geführt. Mit keinem Wort erwähnt der Reiseleiter, daß Katharina es war, die aus diesem Gemäuer ein Wohnhaus gemacht hat. Ich hätte ihn gern darauf hingewiesen, wie viele Berufe die Lutherin zur Zeit ihres Erdenwallens ausgeübt hat. Unter anderem war sie Baumeisterin. Weiß der Himmel, woher sie solche Fertigkeiten hatte. Vielleicht kamen ihr bei der Umgestaltung dieses Klosters die Erinnerungen an das praktische Hauswesen ihrer Eltern zu Hilfe. Der Grundriß Kindheit. Sie ließ Mauern zwischen den vielen kleinen Mönchszellen durchbrechen, neue Wände einziehen und Treppen bauen. Die Handwerker, so ist überliefert, rechneten es sich zur Ehre an, für den großen Sohn ihrer Stadt arbeiten zu dürfen. Aus den Wittenberger

Kämmereirechnungen geht aber hervor, daß die Lutherin niemanden umsonst schaffen ließ. Jahre hindurch muß hier eine Baustelle gewesen sein. Als erstes wurde im ehemaligen Refektorium der Mönche die Riesenküche eingerichtet mit Brot-, Mehl- und Speisekammern. Aus der alten Klosterküche ließ Käthe den Dreifuß herbeischaffen samt dem Kesselhaken. Auch den Bratspieß, etliches eiserne Kochgeschirr, ein paar Fässer und Tonkrüge konnte sie noch verwenden. Es wurde ein neuer Herd gemauert, und es wurden Rohrwasseranschlüsse gelegt. Bevor der erste Winter einbrach, mußten Öfen gesetzt und wegen des nahen Stadtgrabens Teile des Hauses unterkellert werden. Eine Falltür führte in ein vorhandenes unterirdisches Gewölbe. Hier standen die Fässer mit Bier, Sauerkraut und Heringen, vielleicht sogar die Tonne, in der Katharina nach Wittenberg verbracht worden war. Der schimmlige mausige Geruch war aus den Mauern nicht herauszubekommen, was immer man dagegen unternahm. Der bucklige Boden mußte begradigt, Schwamm und Holzwurm aus dem Gebälk vertrieben werden. Die braunen Wasserflecken an Decken und Wänden ergaben zusammen mit den Rissen phantastische Landkarten von unerforschten Teilen der Erde. Die in späteren Jahrhunderten so oft gemalte Wohnstube im Obergeschoß konnte erst 1535 eingerichtet werden, als die Stadt Wittenberg Bauholz zur Verfügung stellte.

Von solchen Banalitäten erfahren die Touristen nichts. Sie haben schon genug gesehen und kaufen jetzt Andenken. Um schöne Grüße aus Wittenberg draufzukritzeln, drückt eine Dame ihre Ansichtskarte, die den Reformator auf der Kanzel zeigt, gegen die Glaswand einer hohen Vitrine. Da sind Luthers gesammelte Werke zur Schau gestellt. Ein Aufseher fordert die Kartenschreiberin auf, ihre Korrespondenz anderswo zu erledigen, aber bald darauf drückt ein Herr seine Karte mit einer Abbildung Junker Jörgs an die gläserne Wand; ein anderer, ihm gegenüber, beschreibt die Rückseite des Thesenanschlagbildes. Luther lugt in den durchsichtigen Turm auf seine Bücher und holt mit dem Hammer aus, dreht sich predigend, lautespielend, sterbend, vom Blitz getroffen am Ansichtskartenständer. Auf manchen Bildern dreht Käthe sich mit. Wieder greift ein Tourist nach einer der Karten und geht damit Richtung Vitrine. Ein schlaksiger Mensch in weißen Turnschuhen ruft erbost: »If Luther could see this, he would rotate in his grave!«

Da gehe ich wieder in den Hof. In den Sitznischen des Katharinenportals, auf dem Brunnenrand und allen Bänken frühstücken die Touristen. Ich gerate wie von ungefähr hinter das Haus in den Garten. Hier ist es still und kühl. Breitästige alte Bäume spenden Schatten, keine der Kronen ist ausgelichtet, es sei denn von Blitzen. Ein krummer Apfelbaum ist von den gabligen Zweiglein der Mistel umwickelt. Die Beete sind mit Gemüse bestellt, die Wege so säuberlich geharkt, daß ich Fußspuren hinter mir lasse. Zu beiden Seiten stehen hochstöckige rote und gelbe Rosen. Die Sonnenblumen recken schon ihre Hälse über die Mauer, als wollten sie die Elbe vorbeifließen sehn.

Die Geräusche, die der Garten macht, sind im Sommer am lautesten. Ich suche mir einen Platz auf einem Baumstumpf, der ist größer als ein Wagenrad und von Flechten und Schwämmen überzogen. Hopfen, Winden und Wikken hängen von der Gartenmauer; am Boden angekommen, verflechten sich die losen Enden miteinander und kriechen verschlungen weiter. Großmaschige Spinnweben halten sie auf. Ein Vogel mit langem, wippendem Schwanz stelzt vorüber. Hieße er nicht schon so, würde man ihn auf der Stelle Bachstelze taufen.

Wie ich der Gartenmusik zuhöre, dem Flattern, Hüpfen, Rascheln, dem Schaben, Knarren, Tropfen und Klopfen, den Vogelliedern, die sich wiederholen, setzt sich aus den tausend Teilen eines Puzzles langsam eine bunte Szene zusammen. Ein Teil hakt sich ins andere. Dolden, Teller, Kugeln, Trauben, Kelche durchdringen sich. Was wie ein Kürbisrund ausgesehen hat, erweist sich als der Sonne zugehörig. Ein Braun kann Teil des Heringsfasses sein, das als Regentonne dient. Rot ist Kirsche oder Rose. Blau türmt sich als Rittersporn mit weißen Lichtpunkten in jeder Blüte. Das viele Grün muß nach Schattierungen geordnet werden. Ein nicht unterzubringendes Schwarz könnte ein Schuh sein.

Katharina, die Gärtnerin, kommt auf sonnenfleckigen Wegen. Ich kann sie zu ihren Kräuterbeeten ins Licht gehn oder in den Schatten treten lassen, wo auf dem Komposthaufen an der Mauer Melonen und Kürbisse sich breitmachen. Hier muß sie nicht wie andernorts museal nachgestellt werden. Nirgends sonst ist sie so zum Greifen nahe. Geht zwischen den Bäumen, beugt sich über ein Beet.

Und manchmal ist Martin an ihrer Seite, nicht wie sonst sie an der seinen. Hier hat sie das Sagen. Er, der sonst immer in der Studierstube sitzt, kommt in den Garten, um seine Sommerfreuden zu genießen, von Kindlein und Hündlein umspielt und wie auf Graphiken des neunzehnten Jahrhunderts, von Efeu umrankt. Unverdrossen hilft er beim Brunnenausschachten und Unkrautjäten. Er okuliert sogar Obstbäume und wundert sich, wie sich der ganze Stamm nach den kleinen Zweiglein und Äuglein richtet, wo es doch billiger wäre, daß die Zweiglein nach dem Stamme sich richteten. Er staunt über die Pünktlichkeit, mit der es hier zugeht, über das Nacheinander der Erscheinungen. Daß die Blüte der Knospe folgt, die Frucht der Blüte ist so sicher wie das Amen in der Kirche, und Gott kann leichtlich aus Regen Sonne machen.

Katharina lockt Martin zu allen Jahreszeiten aus seiner Turmstube. Zeigt ihm zwischen frostigem Fallaub und Schnee die erste fürwitzige Christrose. Zeigt ihm die ersten gelbblühenden Hasel, wenn die Temperaturen noch um den Nullpunkt schwanken. Schneit es noch einmal oder regnet's in Strömen, klappen die Blüten ihre Staubbeutel wieder zu. Im April gerät der Garten außer Rand und Band. Das Unterste kehrt sich zuoberst, das Innerste nach außen mit prallen braunen Knospen. Jeden Frühling lösen Veilchen die Schneeglöckchen ab, Flieder und Krokusse die Primeln. Die Störche und alle anderen Zugvögel wissen die Zeit, wann sie zurückkommen, und bauen ihre Nester und fangen an zu brüten. Die Linde steht in ihrer Pracht, erfüllt vom Gebrumm der pelzigen Hummeln; manche beißen Löcher in die Blütenkelche, um schneller an den Nektar zu gelangen. Narzissen und die Tulipan, die ziehen sich viel schöner an als Salomonis Seide.

Einen vorweggenommenen Paul-Gerhardt-Vers möchte man Luther in den Mund legen, machte er sich nicht seinen eigenen Reim auf das Blühen und Wachsen, das ihm nicht selbstgeregelt erscheint. Er ist kein trüber Gast auf dieser Erde, der das Stirb und Werde nur mit kaltem Blick erfaßte. *Komm und sieh,* schreibt er seinem Freund Spalatin, *ich werde Dich mit Lilien und Rosen bekränzen.*

Katharina hat diesen Garten gleich im ersten Jahr ihrer Ehe angelegt. Rings um Wittenberg war die Erde mager und sandig. Aber hinter dem Haus lag der aufgelassene Klosterfriedhof, und in den nahen Elbauen fand sich Grundwasser. So gedieh aufs schönste, was gesät und gepflanzt wurde. Ein paar Spatenstiche tief stieß man auf Knochen und Knöchlein der Mönche und grub die beinernen Perlen eines Rosenkranzes mit unter.

Im Garten war Katharina in ihrem Element. Die Sonne umkreiste das Geviert. Die Sonnenblumen drehten ihre Köpfe von Ost nach West und wandten sich jeden Abend wieder zurück. September-, Oktobertage gab's, da lag alles im scharfen Licht. Wer die Ohren spitzte, konnte die Distel- und Knöterichsamen aus den Hülsen springen hören. Und wer Augen im Kopf hatte, erfuhr von den Spinnen, wie das Wetter werden würde. Für warme Tage weben sie ein großes, weitmaschiges Radnetz. Schlechtwetter wissen sie im voraus und entschließen sich vorsichtshalber zu einem engen, festen Geweb, das nicht bei jedem Windstoß zerreißt. Droht ein Wolkenbruch, der die Mohnkapseln ausdreschen und die Regentonne zum Überlaufen bringen wird, sind nur alte, ramponierte Netze zu sehen, kein einziges neugesponnenes. Da lassen Spinnen die Arbeit ruhen, weil's ja doch umsonst wäre, sich abzumühn.

Da konnte Katharina rechtzeitig die Magd hinausschicken, die Wäsche von der Leine zu holen, das Heu von der Wiese. Es war eine Zeit ohne Barometer, Rasensprenger, Blitzableiter. Und ohne Gartenzwerge.

Der Ahorn stand in Flammen, die Lärche, die Birke. Goldrute, Kürbisse und Birnen leuchteten gelb und rot die Berberitzen. Gott sei Dank war nicht alles Gold, was glänzte. Katharina säte und erntete. Gefüllte Teller sind allemal besser als goldene Teller. Es galt, viele Mäuler zu stopfen, und fast jedes Jahr kam ein neues hinzu. Im Klosterhof, der heute so säuberlich gepflastert und gefegt ist, konnten die Kinder nicht spielen, der war dazumal voller Pfützen und Stallmist. Auf den Gartenwegen lernten Hans und Lene, Martin, Paul und Margarethe laufen, trieben ihre Reifen vor sich her und ritten ihre Steckenpferde. Sie versteckten sich in den grünen Tunneln der Farne und ertasteten, wenn sie da hockten, die Ketten der Sporenhäufchen. Sie hängten sich Kirschenohrringe hinter die Ohren und traten auf Schneebeeren, um den leisen Knall zu hören. Sie kletterten auf die Bank und ließen ihre Schiffchen aus Borke und Laub schwimmen.

Jedes Jahr deckte Katharina den Tisch für die Vögel. Sie ließ ein paar Sonnenblumenteller stehn, damit die Meisen und Sperlinge sie leerpicken konnten. Jedes Jahr wurde das Herbstlaub zusammengekehrt, unter die Sträucher und zum Mulchen auf die Beete gestreut, aber ein Blätterberg blieb liegen, damit sich die Igel hineinwühlen konnten; die müssen es warm haben, bevor sie zum Winterschlaf auskühlen. Die Maulwürfe schlafen nicht, sie legen sich Vorräte an. Die Leute sagten, in einer schwarzen Börse aus Maulwurfsfell gehe das Geld nie aus. Aber Katharina brachte es nicht über sich, einen der finsteren Gesellen zu töten und ihm das Fell über die rosigen Ohren zu ziehn.

Dabei hätte sie etwas mehr Wirtschaftsgeld bitter nötig, weil ihr so viele Gäste ins Haus kamen. Im Schwarzen Kloster gab es kein Besuchsgitter. Käthe pflanzte Pfirsich- und Aprikosenbäume, um mit köstlichem Nachtisch aufwarten zu können. Sie züchtete Bienen und legte sogar einen eigenen Weingarten an. Katharina die Imkerin. Katharina die Winzerin. Das kleine Wittenberg hätte einen beklemmenden Rahmen für ihr Leben abgegeben, wären da nicht die Gäste aus aller Welt angereist und hätten das Provinznest zur Schaubühne gemacht. Wittenberg war weiß Gott nicht die Welt. Aber die Welt kam nach Wittenberg: *Italiener, Franzosen, Spanier, Portugiesen, Briten und Schotten, aber auch Polen, Ungarn, ja, vom Balkan und vom Kaukasus kommen sie, weil hier die Weisheit sich ein Haus gebaut und der Tisch gedeckt ist zum Mahl;* so begeisterte sich Giordano Bruno.

Katharina deckte den Tisch zum Mahl. Wie sie das fertigbrachte? »Ich muß mich in sieben Teile zerlegen, an sieben Orten zugleich sein und siebenerlei Ämter verwalten. Ich bin erstens Ackerbürgerin, zweitens Bäuerin, drittens Köchin, viertens Kuhmagd, fünftens Gärtnerin, sechstens Winzerin und Almosengeberin an alle Bettler in Wittenberg, siebentens aber bin ich die Doktorissa, die sich ihres berühmten Gatten würdig zeigen und mit 200 Gulden Jahresgehalt viele Gäste bewirten soll.« So hat sie selbst sich gesehen und hat sich liebend gern verausgabt und verwirklicht als Käthe Luther und ist ihrem Martin aufgegangen als der Wittenberger Morgenstern und eingegangen in die Geschichte als Herr Käthe und als die Bora. Die hat ihren Mann mit Sachen wie Wirtschaftsgeld verschont. Du lieber Himmel, damit durfte sie ihm nicht kommen. Wollte da ein guter Nachbar anno 27 sich nur acht Gulden von ihm leihen. Woher solle er sie nehmen, klagte Luther, er sei selber durch eigene Unvorsichtigkeit an verschiedenen Stellen mehr als hundert Gulden schuldig; wohin solle das führen, wenn einer wie er so ganz ausgesaugt werde.

Einer wie er. Die Kutte war gefallen, die Tonsur zugewachsen. Nichts Papistisches war mehr an ihm, außer daß er in Gedanken versunken noch oft die Hände in die Rockärmel steckte und sie rasch wieder herauszog; und außer daß er der Bettelmönch blieb, dem an Geld nichts gelegen war. Die Kutte wog nun einmal einen Malter und mehr. Nur wer sie ausgezogen hatte, wußte das.

Katharina wußte es auch. Sie hat gelernt, ohne Habit über die Straße zu gehn und nicht zu erröten, wenn jemand sie ansprach. Manchmal ertappte sie sich noch dabei, daß ihre Hand nach einem Schleier griff, der nicht mehr da war. Mitten in der Arbeit schreckte sie auf, weil die Zeit des Stundengebets gekommen war. Diese innere Uhr stand noch lange nicht still. Um so schneller wollte sie die Kälte in ihrer Zelle vergessen, die Entbehrungen, die Keuschheit, die Armut und vor allem die karge Kost und das Fasten.

Manchmal wurmte es sie, daß Martin ein so ungeschickter Haushalter blieb. Dabei wäre es ihm ein leichtes gewesen, ein wohlhabender Mann zu werden. Die Buchdrucker boten ihm ein Jahresgehalt von vierhundert Gulden an. Was tat er? Er lehnte empört ab: Seine Bücher sollten vom Volk gelesen werden und darum billig zu erwerben sein. Gott behüte, daß er das Wort um Geld in die Welt trage; und auch ein Prediger sei kein Aktionär, der sich mit Dividenden das Herz beschwere.

Einer wie Martinus gab die goldenen Pokale – Hochzeitsgeschenke der sächsischen Fürsten – als Unterpfand hin, wenn wieder mal Not am Mann und Schmalhans Küchenmeister war. Kam aber einer, der noch weniger hatte, und es kamen viele, gab er mit vollen, mit leeren Händen, das heißt, er setzte den Armen seiner Käthe an den Tisch und legte ihn ihr ans Herz. Und einmal, Katharina wird es nie vergessen, da stieß Martin die Tische der Wechsler um, da schmiß er das Geld, das schnöde, verfluchte, das die Welt regierte, buchstäblich zum Fenster hinaus. Da regnete es Gulden oder wenigstens Pfennige. Einer wie er lebte, als könne Gott seine Verborgenheit noch einmal verlassen, unter uns wohnen und uns ähnlich werden, so daß er Menschenantlitz trüge.

Martin und das liebe Geld. Ein Kapitel für sich. Hintergedanken haben nannte er es, wenn einer beim Schreiben auf Lohn schielte. Er selber wollte keinen Heller für seine Arbeit. Als Prediger an der Stadtkirche erhielt er neun Gulden Jahresgehalt, und die mußte Käthe ihm noch unterschlagen. Als Inhaber der Augustinerprofessur hatte er Anspruch auf freie Wohnung und auf Naturalienleistungen, aber nicht auf einen festen Lohn. Sein Professorengehalt betrug hundert Gulden im Jahr. Die reichten nicht hin und reichten nicht her. Aber was wollte man machen. In seiner Mansfelder Lateinschule hatte er nie Rechnen gelernt. Da wurde ihm Latein eingetrichtert, nichts als Latein. Wehe dem, dem einmal ein deutsches Wort entschlüpfte. Ihm wurde der Eselskragen umgelegt. Der mußte sich schämen.

Martins Bescheidenheit grenzte an Torheit. Ein Narr in Christo, wer sich nur mit schlechtem Gewissen hin und wieder eines seiner eigenen Bücher vom Buchdrucker erbat. Ein Schriftsteller seines Formats, ein Übersetzer von Gottes Gnaden verschmähte Honorare, *während andere Lumpenprediger und Puppenschreiber, die sich dünkten, recht deutsch zu können*, für jede Druckseite einen Gulden kassierten. Daß Geld Kapital war und für sich arbeitete, blieb dem Mann Gottes und Katharinas unverständlich. Es ging ihn nichts an. *Mögen andere Leute aus dem Mammon Lagerobst machen.*

Wer nach allem Begier habe, hatte die Domina in Mariathron oft gesagt, der sei bettelarm. Gottlob, das Sichbefreien von Bedürfnissen hatte Katharina früh gelernt. Eine prächtige Mitgift. Inzwischen aber war sie Käthe und konnte nicht in Martins *Laß fahren dahin* einstimmen. Jetzt mußte sie für viele sorgen und Gewinn erzielen. Ihr blieb gar nichts anderes übrig, als die Tüchtigkeit in Person zu werden, als Gärten anzulegen – dieser hinter dem Haus war nur der erste von vieren. Ihr blieb gar nichts anderes übrig, als Schafe, Schweine und Kühe anzuschaffen, denn das beste Hausvieh hier waren bisher Hund und Katz gewesen. Im Faulen Weiher legte sie einen Fischteich an. Sie hatte sich um das unerläßliche Nebensächliche zu kümmern. Um das tägliche Brot. Erntezeit war die beste Zeit, wenn das Dreschgut in die Luft geworfen, Spreu vom Weizen getrennt, eingesackt und mit Knüppeln durchwalkt wurde. In den ersten Jahren ihrer Ehe knetete Käthe die Hefebrote noch selbst und trug den geblähten Teig dann zum Abbacken, sorgfältig mit Tüchern abgedeckt, damit er nicht wieder zusammenfiel. So mit Broten unter dem Arm hätte sie Cranach malen müssen.

Solche Gedanken denke ich im Garten und frage mich, wie viele Stunden ein Arbeitstag hatte. Manchmal wurde Käthens Herumwirtschaften Luther unheimlich. *Sie fuhrwerkt, bestellt das Feld, kauft Vieh, weidet, backt und braut.* Bald leitete sie einen großen landwirtschaftlichen Betrieb und stand einem Haus vor, in dem die Ärmsten genauso Zuflucht fanden wie die Weithergereisten mit Rang und Namen. Wenn Martin sie deshalb Herr Käthe nannte, so mit einem tadelnden Unterton. Er haßte alle ihre himmelhohen Sorgen um irdisch Gut, Acker, Vieh und alle Güter. Sie aber ließ sich nicht dreinreden. Sie liebte nun einmal einen anständigen Aufwand. Wenn er noch einmal eine Ehefrau finden müßt, klagte Martinus, würde er sich lieber ein gehorsam Weib aus Stein hauen. Vor lauter Plage war seine Käthe oft kurz angebunden, kaum daß sie mal auf der Straße stehenblieb und mit anderen Frauen plauderte oder sich verlustieren konnte. Das mochte ja noch angehen. Aber auch daheim werkelte sie lieber, als daß sie las, plackte sich lieber, als daß sie lernte, arbeitete lieber, als daß sie betete. Nein, das nicht. Schließlich war sie lange genug Nonne gewesen.

Überliefert ist ihre Erinnerung, daß sie nie hitziger und emsiger gebetet habe als in Mariathron. Zu einem schlagartigen Entzug solcher Gepflogenheiten kam es in Wittenberg keinesfalls. Auch hier blieb das Gebet in der Hausgemeinde Mitte und Zeitmaß, *hat doch Gott große Ohren und ein scharfes Gehör,* und wenn einer nur recht bete, so Martin, entstehe Reibung wie beim Feuermachen, wo man den Funken aus dem Stein schlagen müsse. Seiner entlaufenen Nonne brauchte man nicht beizubringen, daß Beten das Handwerk des Christen ist. Jetzt war nicht mehr die Novizenmeisterin, jetzt war Luther der Vorbeter für das Morgen- und Tisch- und Abendgebet, für den Reisesegen und den Erntesegen und immer wieder für den Psalter, die allerstrengste Gebetsschule, darin der Gott Israels keinen aus seinen Verheißungen entläßt; ganz zu schweigen vom Vaterunser, von dem doch Martinus geschrieben hat, er sauge daran wie ein Kind, trinke und esse daraus wie ein alter Mensch und habe es lieb über den Psalter hinaus; es sei freilich gerade dieses Gebet der größte Märtyrer auf Erden, weil jedermann es plappere und manch einer es mißbrauche.

Nein, nicht das Beten, das Lesen vernachlässigte Käthe über ihren Geschäften. Damit sie nicht nur Geld und Gut zusammenhalte, vermehre und seine Schulden tilge, versprach Martin ihr fünfzig Gulden, wenn sie seinen Lieblingspsalm, den einunddreißigsten, auswendig lernte und überdies das Alte Testament, die reichste Fundgrube, die nimmermehr ausgeschöpft werden könne, von der ersten Zeile an durchlese, von »Im Anfang schuf Gott Himmel und Erde« bis zu den Versen, die er gerade in seinem Konsistorium vom Hebräischen ins Deutsche übertrug: *Wir mühen uns jetzt ab, die Propheten ins Deutsche zu übersetzen. Lieber Gott, welch groß verdrießlich Werk, die hebräischen Schriftsteller zu zwingen, Deutsch zu reden, die sich so sträuben, wie wenn eine Nachtigall gezwungen würde, einen Kuckuck, dessen eintönigen Ruf sie verabscheuen, nachzusingen und ihren eigenen lieblichen Gesang aufzugeben ...*

Er berichtete nicht nur seinen Freunden und Kollegen vom Fortgang seiner Arbeit. Mitteilsam wie er war, weihte er auch Katharina ein, seine gestrenge Richterin. Sie war die erste, der er vorlas, was bald der Welt zu Ohren kommen sollte.

Frauen meinen, schrieb er an seinen ehemaligen Schüler Johann Agricola, das Wort gehöre nicht ihnen, sondern den Männern; deshalb müsse man ihnen einschärfen, daß es sich doch wahrlich auch um ihre Sachen handele. In diesem Kampf stehe er auch immer wieder mit seiner Käthe; sie müsse lernen, das Wort in rechter Weise zu gebrauchen.

In diesem Kampf stand er auch immer wieder mit seiner Käthe, seiner gelehrigen Schülerin; *die verstand alsbald die Psalmen besser als alle Papisten.* Katharina sein Geschöpf, wie sie zuvor das Geschöpf des Klosters Mariathron gewesen war? Luther war Käthes Vormund. Und das ist ganz wörtlich zu nehmen: Aus seinem Mund hörte sie, was von nun an ihr Leben bestimmte. Eine Bevormundung aus berufenem Mund. So hatte sie es gewollt. Denn von allein hätte sie vor lauter Statuten und Rosenkranzringlein ziehn das dicke Buch Bibel nicht aufgeschlagen. Nun legte ihr Mann es *seiner gnedigen Frowen zu Händen und Füßen.*

In der warmen Jahreszeit wird sie manchmal im Garten gesessen und jeden Tag ein paar Verse gelernt und gelesen haben, um voranzukommen. Immer mußte sie sich beeilen, galt es doch heute einen Empfang und morgen einen Doktorschmaus auszurichten. Das Scheunendach sollte gedeckt werden. Die Tür des Hühnerstalls hing nur noch in ihren Angeln, im Hof hatte es schon nach dem Iltis gerochen.

Stille und Meditation, wie sie es vom Kloster her gewohnt war, mußte sie sich in Wittenberg erschleichen. Hier folgte sie anderen Vorschriften. Nicht mehr das Höchstmaß an Gleichförmigkeit, das es einmal gab, die Versenkung im Hochgebet der Messe, das Heben und Hochhalten der Hostie am Altar, das rote Pünktchen der Ampel am Tabernakel. Ob Katharina ihren Rosenkranz, den unverwelklichen, aus Mariathron mit auf die Flucht genommen hat, den freudenreichen, schmerzensreichen, glorreichen weitergebetet hat? Oder war hier alles neu, ungewohnt und nicht abgegriffen? Keine plappernden Wiederholungen mehr? Hatte jedes Wort nun diesen Lutherschen Biß? Strenger als ihr Mann sie ins Gebet nahm, hat auch die Exerzitienmeisterin im Kloster sie nicht hernehmen können. Martins Gottesbegeisterung war ansteckend; sein Gott keine Figur, mit der man nie recht bekannt wurde, so daß man sich abermals fürchten müßte, kein Heimlichtuer, kein Godot – um modern zu reden –, auf den man vergeblich warten mußte. Kein Abdruck eines Antlitzes im Leintuch. Gott ein glühender Backofen Liebe. Das waren Martins Worte. Noch keine geflügelten, vielmehr zum ersten Mal gehörte. Und Katharina hing an seinen Lippen. Hörte seine Feder kratzen, wenn er schrieb: *daß wir uns ja nicht vom rechten Glauben weggewöhnen, müde, faul, sauersichtig und überdrüssig würden.* Solche Sätze hörte sie wie nebenbei.

Sie saß auf der Bank neben der Regentonne und lernte. In dem runden Wasserspiegel ruderte ein Käfer von einem dunklen Ufer zum anderen. Das Wasser stank; die Tonne müßte gereinigt werden. Fallobst war aufzulesen, die Reben an der Hauswand sollten hochgebunden werden.

Katharina las ihr Pensum. Tat sie es, um sich Martins würdig zu erweisen? Die ihm ebenbürtige Frau zu sein, seine gelahrte Doktorin? Las sie, um sein Lob zu ernten? Spekulierte sie gar auf die versprochene Belohnung? Gott behüte, das mit den fünfzig Gulden war nicht ernst gemeint. Sie kannte Martins Schalk und wortwörtlichen Übermut. Zu gern ließ er seine Sätze Purzelbäume schlagen. Ernster war er in der Ehe nicht geworden, wie

Melanchthon gehofft hatte, die Possen konnte man ihm nicht abgewöhnen.

Katharina war nicht dabei, als Martin auf der Wartburg in seinem Patmos bei den Vögeln unter dem Himmel das Neue Testament vom Griechischen ins Deutsche übertrug, das Buch, das ihn erschöpfte und erhob. Sie nahm nicht teil an den Arbeitssitzungen zur Verdolmetschung des Alten Testaments hier in Wittenberg. Wenn er seine alte, zerlesene, lateinische Bibel und den hebräischen und chaldäischen Text nahm und in das Konsistorium ging, gab sie ihm viele Grüße mit an Philipp Melanchthon, an den Herrn Professor Creuziger und den lieben Pastor Bugenhagen. Und wenn er dann heimkam, erzählte er ihr, daß er und seine Kollegen das Unübersetzbare übersetzt, daß sie zwei oder drei Stunden an einem einzigen hebräischen Wort gekaut und abgewogen haben, wie es recht verdeutscht werden mußte. Sie las die Druckfahnen. Brauchte nicht von hinten nach vorn und von rechts nach links zu lesen, sondern las in der deutschen Übersetzung. Sie ahnte, welche Wacken und Klötze da gelegen, wie die Herren haben schwitzen und sich ängsten müssen, bis man nicht mehr anstieß, sondern fließend vorankam und jedes Wort wie in Wachs gedrückt dastand. Was sie da schwarz auf weiß hatte, war Martins Sprache, die so weit von seiner Rede nicht war. *Die Worte leben, haben Hände und Füße, sind Licht und Feuer.*

Manchmal wußte Käthe auch, woher er diese Worte nahm. Die zauberte er nicht aus seinem Doktorhut. Mit der Übersetzung des 147. Psalms zum Beispiel hatte es seine eigene Bewandtnis.

Martin wurde nicht selten auf ein Schloß geladen. Klopfte an mit silbernem Türklopfer und wurde fürstlich empfangen. Aus silbernen Gießlöwen schenkte man ihm Wein ein. Käthe hätte sich gern ein wenig damit gebrüstet, daß ihr Mann bei Hofe aus und ein ging. Kein anderer Wittenberger Professor war dazu ausersehen. Freilich wußte sie, daß er am Fürstenstand kein gutes Haar ließ. Ein Schalk müsse sein, wer Fürst sein wolle, und ein Tyrann der König; so wolle die Welt es haben. Das waren seine Worte. Er redete respektlos von Löchern und Höhlen, die man mit wenig Grund Paläste nenne. Von wenigen Ausnahmen abgesehen waren ihm alle Mächtigen ein Greuel. Verhandeln mußte er aber immer wieder mit ihnen, um ihnen etliches von ihrer Macht abzupressen. Ihre Einladungen abzuschlagen wäre das Dümmste, was er hätte tun können.

Mitunter bat man ihn auch zur Jagd. In der edlen Waidkunst hatte ihn schon ein Reitknecht unterwiesen, als er auf der Wartburg gefangen saß. Um ihm Bewegung und frische Luft zu verschaffen, mußte er da als Junker Jörg mithalten, mußte, um nicht erkannt zu werden, wie der Teufel reiten lernen. Man unterwies ihn, wie man sich ritterlich benehme, sich den Bart streiche, die Hand am Schwert halte und was derlei Gebaren mehr war. Aber das Jagen, das Jagen hat er nie gelernt, *das bittersüße Vergnügen der Helden, das müßiger Menschen würdig ist.*

Einmal aber hat er Katharina erzählt, daß er etwas

erjagt habe. Da hatte ihn sein Freund, der Kurfürstliche Erbmarschall Hans Löser, in Pretz mit auf die Jagd genommen, ohne zu ahnen, was es seinen Gast kostete, den blutigen Nachstellungen zusehen zu müssen. Martin trabte höflich hinter den Jägern her. Die Hundemeute hechelte. Vom Himmel fiel ein feiner Eisregen. Der Wind sang Halali und trieb Graupeln in die Augen der Männer. Die aber kannten nichts Lieberes als das Jagen und spornten den säumigen Doktor an, sich auch zu begeistern. Der fand im Unterholz einen verletzten zitternden Hasen, nahm ihn flugs und wickelte ihn in den Ärmel seines Rockes, um ihn zu retten. Geblendet von der Sonne, die mit Macht durch die Wolken drang, schlug er sich seitwärts in die Büsche. Aber die Hunde mit ihrer Witterung waren nicht zu täuschen, die fanden im Rockärmel das Tier und zerbissen ihm durch das Tuch hindurch den rechten Hinterlauf und die Kehle.

Martin zeigte zu Hause den zerfetzten Rockärmel mit dem angetrockneten Blut und erzählte Käthe, wie er sich da noch weiter von der Jagdgesellschaft entfernt habe, denn auch unter Netzen und Hunden kam er keinen Augenblick von den Gedanken an seine Arbeit los.

Er quälte sich gerade mit der Übersetzung des 147. Psalms, der Gottes Walten in der Schöpfung und im selben Atemzug sein Wirken in der Geschichte Israels lobt, wie es nur im Hebräischen zu singen und zu sagen ist.

Da läßt der Beter Gott die Sterne zählen und die Zerstreuten Israels wieder zusammenbringen. Da ergötzt er sich an dem Regen, der das Gras wachsen läßt, und an den jungen Raben, die zu ihm rufen, aber er hat keine Freude an der Stärke der Rosse, denn er will den Grenzen Frieden schaffen. Hier im schütteren, von Schnee und Sonne durchrieselten Winterwald, wo es gerade eben zu tauen begann und wo Martin sich vom Hetzen und Jagen entfernte, sich öffnete und lüftete, kamen ihm die deutschen Verse wie von selbst auf die Lippen. Er brauchte sie nur zuzulassen, denn er hatte vor Augen, was da geschrieben stand. Er ging und betrachtete die Hüpfspuren der Raben im Schnee, die Keile der hoppelnden Hasen und das kaum geritzte Geläuf der Sperlinge und wiederholte laut, was er nicht vergessen durfte, bis er es abends würde aufschreiben können in seinem fürstlichen Gastzimmer: *Gott gibt Schnee wie Wolle, er streut Reif wie Asche. Er wirft seine Hagelkörner als Brocken herab; wer kann bleiben vor seinem Frost. Er sendet sein Wort, da schmilzt der Schnee, er läßt seinen Wind wehen, da taut es.*

Ich stelle mir vor, daß Martin von dieser Jagd berichtete während er Käthe half, den Garten für den Winter zu rüsten, das frostige Laub zusammenzuharken, die Rosenstämme zur Erde zu biegen und mit einem Holzpflock zu befestigen und Giftkörner gegen die Mäuseplage auszulegen. Ich ließe ihn poltern und schelten, weil die Papisten seine Übersetzungen so greulich lästerten und verdammten, diese unverschämten Tröpfe und Rotzlöffel, die es nie selbst versucht haben mit dem Dolmetschen. Deshalb wolle er solche Leute nicht als Richter dulden, denn sie hätten lange Eselsohren, ihr Iah! Iah! sei zu schwach, um über seine Arbeit zu urteilen, wüßten sie doch weniger als des Müllers Tier, wieviel Kunst und Fleiß man zum Dolmetschen brauche.

Vielleicht hat Martin sich so in Rage geredet, daß Käthe ihm die Giftkörner aus der Hand genommen und ihn in seine Studierstube zurückgeschickt hat. Da gehörte er hin. Da saß er wie Hieronymus im Gehäuse und suchte nach dem einzig richtigen Wort aus dem großen Vorrat an Wörtern. Das trieb ihn um wie nichts sonst. Die hochbepackten Stühle, Bänke und Schemel wuchsen immer höher. Käthe durfte da nichts anrühren. Weiß der Himmel, wie er sich zurechtfand. Mindestens zwei Kanzlisten wären nötig gewesen, hier Ordnung zu schaffen. In seinem Arbeitszimmer schien er manchmal so ausgewechselt, als sei er selbst ein Hebräer geworden oder ein Grieche. Dann klagte er über seine schwere deutsche Zunge und verteidigte doch jedes Wort, für das er sich entschieden hatte, denn die Esel und Buchstabilisten warfen ihm vor, nicht buchstabengetreu übertragen zu haben.

Bis auf Torgau habe ich alle Orte aufgesucht, in denen Katharina gewohnt hat. Ihr Leben hat sich in einem kleinen überschaubaren Kreis abgespielt, den man in wenigen Tagen zu Fuß ausmessen könnte.

Wieder daheim, ordne ich bis Ende des Jahres mein gesammeltes Material. Unter dem Stichwort Luther ist so viel zusammengekommen, daß ich sichten und sortieren muß. Nur ein Bruchteil bleibt übrig; das aber wird zur Linse, durch die ich Katharina sehen kann: *In diesem Kampf stehe ich auch immer wieder mit meiner Käthe. Meine Katharina macht aus diesem verrotteten Kloster ein Paradies auf dieser dunklen Erd.*

Anfang Dezember kaufe ich die Weihnachtsgeschenke in den von Lichterketten überspannten Einkaufsparadiesen, die hierzulande alle gleich aussehen. Die Früchte der Welt sind da ausgebreitet, taufrisch, konserviert, kandiert. Tantalus brauchte nicht einmal die Hand auszustrecken. Alle Tiere, zu Wasser, auf dem Lande, aus der Luft hängen ausgeweidet, liegen tranchiert, arrangiert zwischen Eiswürfeln und Petersilie. Zur Weihnachtszeit umklammern die Scheren der Langusten güldene Kugeln. Zur Weihnachtszeit steht im kalten Büfett zwischen Champagnerflaschen und Kaviar eine Krippe und dann und wann ein Engel in Aspik. Stehgeiger fiedeln Lutherns Lied von der guten neuen Mär. Aus Lautsprechern rieselt leise der Schnee. Wir sind nichts als Kunden und feiern die Feste, wie sie verfallen. Keiner von uns verliert ein Wort darüber, was wir dieses Jahr gerne anders machen, was wir tun, was wir lassen würden, wenn nicht ... wenn es nicht höchste Eisenbahn ... wenn nicht der Flug schon gebucht, die Skier aufs Auto geschnallt, das Kind nicht schon längst mit dem Bade ... eigentlich, wie gesagt, hatten wir vorgehabt, solche Leute aus uns zu machen, die sich nicht die Ohren vollbimmeln lassen wollen von den Glocken, die bekanntlich süßer nie klingen.

Da können von den Kanzeln herab noch so beschwörende Worte kommen. Die Fallhöhe vom allmächtigen Gott zum ohnmächtigen Kind ist zu hoch, zu kühn der Gedanke von der Fleischwerdung, zu rätselhaft diese Erniedrigung, der Verzicht auf Glorie und Macht. Himmelherrgottnochmal, nun stehn die Verheißungen eben auf Plastiktüten, laufen als Laufschriften: WAS WÄRE WEIHNACHTEN OHNE 4711. In den Schaufenstern hat die Auswahl gespenstisch zugenommen. Ein Überangebot an allem. Ein begehbarer Traum mit der Vorsilbe Alp. Es schneit. Welche Skier mit welcher Bindung brauche ich, welches Auto mit welchen Extras, welche Uhr, die mir schlägt die rettende Stund.

Buridans Esel steht, abgemagert bis auf die Rippen, in einer Passage voller Fernsehgeräte, großen, kleinen, kleineren, kleinsten. Es schneit. Auf den Bildschirmen hängen die Früchte noch an den Bäumen, die Vögel fliegen, die Fische schwimmen, die Blumen blühn, die Autos rasen mit den Skifahrern um die Wette. Ein Bankräuber rast mit einer Geisel davon. Es schneit Lutherns Teufel. Ein Junge mit grünen Haaren und ein Mädchen mit roten küssen sich unterm Mistelzweig.

Alle Passanten machen einen Bogen um die zwei. Jeder steuert an jedem vorbei. Um seine Unverwechselbarkeit gebracht schiebt jeder sich durch die Menge. In immer perfekterer Selbstentfremdung kaufen alle dasselbe; die Stockmeisterin Werbung bleut ihnen ein, was sie unbedingt brauchen, um einer kollektiven Lebensplanung gerecht zu werden. Glänzende Autos drehn sich im Kreis, vor Fett glänzende Hähnchen drehn sich an Spießen. Ich drehe an Postkartenständern und finde ein Krippenbild, auf dem eine entsetzte Maria kniet, in der Sprechblase vor ihrem Mund steht: »O Joseph, it's a girl.« Da schweben nicht nur mehr Engel. Da bringen die Heiligen Drei Könige Pampers statt Weihrauch, Myrrhe und Gold und wundern sich, wieso die Herberge einen Stern hat und doch nicht im Hotelführer steht.

Was wollen wir? Jedenfalls keine metaphysischen Träume und Tränen, keine unerwarteten Antworten von Leuten, die uns aus dem Konzept bringen. Die Kriege finden auf den Mattscheiben statt, *eine Geißel des Zorns, besonders die Kriege in unserer Zeit, die Räubereien des wütenden Satans durch diese wütenden Menschen.* Martin Luther. Mich dünkt, die hohen Herrn haben's nicht fleißig gelesen. Ich finde leichter in die Lutherzeit zurück als aus der Vergangenheit wieder in die Gegenwart. Der Weltuntergang läßt Gott sei Dank auf sich warten. Er war für Mittwoch vergangener Woche prophezeit. Nach seinem Ausbleiben hat eine Sekte in Korea ihre Auflösung beschlossen und öffentlich zugegeben, die Bibel falsch ausgelegt zu haben. *Ach die Schwärmer, die armen irrigen Geister, die Abgötterei betreiben.* Nicht der Jüngste Tag, der Weihnachtsmann steht vor der Tür. Die Mütze beschneit. Vom Himmel hoch, da kommt der erfolgreichste Außerirdische her. Fragst du, wer er ist? Er heißt ET, eigens gesandt, hienieden die Weihnachtslangeweile zu vertreiben. Aber das ist längst schon wieder Schnee von gestern. Dieses Jahr steht auf allen Wunschzetteln ein Dino, heißgeliebt von den Kindern. Die Geschäfte gehn gut. Das wird wieder mal ein schöner Heiliger Abend, wird das. Die Feuerwehr wird Weihnachtsbaumbrände löschen.

An ihrem ersten gemeinsamen Weihnachten war Käthe schwanger mit dem Kind, von dem die Lästerer erwarteten, daß es ein Monstrum werden würde. Frau Luther wird kaum Zeit gehabt haben, sich darüber Gedanken zu machen. Sie hatte Besseres zu tun, wollte sie in diesem alten Kloster nicht im Staub ersticken und von Spinnen und Schaben behelligt werden. Immer waren Klostermauern die Kulissen ihres Lebens.

Der einzige Schrank, den sie besaß, ein Hochzeitsgeschenk der Wittenberger Bürgerschaft, war so wurmstichig, daß das Mehl des Holzwurms auf der Wäsche lag. Die beiden Schubladen klemmten. Bis zur Geburt des Kindes im Frühsommer mußte hier ein rechter ordentlicher Bürgerhaushalt entstehen. Wo aber anfangen? Wie das Beste machen aus dem alten Kasten, in dem jeder Schritt widerhallte? Vordem lebten hier vierzig Mönche. Jetzt waren sie zu zweit, dazu Martins alte Diener und eine junge Magd, die morgens kam und abends wieder ging. Der Kurfürst hatte dem verheirateten Luther das Professorengehalt auf zweihundert Gulden im Jahr verdoppelt. Aber Martin hat Schulden mit in die Ehe gebracht. Kalk, Steine, Dachziegeln und Holz waren teuer. Was Martin war, der saß in seinem Stüblin, das noch kein Fenster zur Elbe hatte, und übersetzte die Propheten ins Deutsche und hielt sich die Ohren zu, weil Käthe das ganze Haus auf den Kopf stellte.

Ich kann sie über die vereisten Straßen zwischen den niedrigen Holzhäusern laufen sehn, um aus Cranachs Adlerapotheke Gewürze für die Weihnachtsbäckerei zu besorgen, Rüböl für die Lampen und die harntreibende Medizin gegen Martins Steinleiden. Beim Lohnbäcker bestellt sie mit Kümmel gewürzte Roggenlaibe. Das dünne käufliche Hopfenbier trank man im Schwarzen Kloster nicht. Katharina brauchte Gerstenmalz für die Eigenbrauerei. Nicht alle die strengen Fastenregeln an den Heiligenfesten und hohen Feiertagen hielt sie mehr ein. Ein Weihnachtsbraten, Wildbret oder Gans oder Fasan, durfte auf den Tisch kommen. Da wollte sich die junge Hausfrau nicht lumpen lassen. Martin verabscheute zwar die Jagd, aber ein Kostverächter war er nicht. Aus dem halbverhungerten Mönch wurde rasch ein stattliches Mannsbild. Käthe ließ sich ein Festkleid nähen, das Futter und Falten freigab und über der Brust mit Rosettenschnüren zusammengehalten wurde. Lucas Cranach malte sie in diesem Kleid. Luther schenkte ihr sein *Geistliches Gesangk Buchleyn,* das ein Jahr vor seiner Heirat in Wittenberg gedruckt worden war. Katharina soll eine schöne Altstimme gehabt haben, geschult in benediktinischer Tradition.

Auf den gefälligen Historienbildern des Biedermeier sitzt die Lutherfamilie singend unterm brennenden Weihnachtsbaum. Dabei gab es dazumal noch keine Christtannen, kein Lametta und gottlob keinen Knaben im lockigen Haar. *In unser armes Fleisch und Blut verkleidet sich das ewig Gut* hat Luther nicht unterm Weihnachtsbaum gedichtet, und sein Kinderlied von der guten neuen Mär hat nichts gemein mit dem »Gepipe eines süßlichen, vermufften Betgrafen Zinzendorf«, über den Heinrich Heine sich so mokierte.

Nach Weihnachten folgten für Katharina Monate des Spießrutenlaufens. Zu gern hätten die Wittenberger herausgefunden, ob der Herr Professor seiner ehemaligen Nonne schon vor der Heirat beigewohnt hatte oder nicht. Als dann im Juni 1526 das Kind keineswegs zur Unzeit geboren wurde, verstummten die Gerüchte. Sogar Erasmus von Rotterdam mußte seine üblen Verleumdungen öffentlich widerrufen. Öffentlich! So sehr war die Frau an Luthers Seite ins Blickfeld geraten.

Katharina war kein Mädchen im Kindbett, das schmerzlos niederkam. Die Wehmutter kochte Fenchel und Gundelrebe ab, seihte beides durch und legte das heiße Kraut der Kreißenden auf Rücken und Oberschenkel, damit die Geburtswege sich leichter öffnen sollten. Das Neugeborene hatte keine zwei Köpfe und keine umgedrehten Füße. *Das Kind ist gesund und ohne Geburtsfehler,* vermeldete Luther stolz einem Verwandten in Eisleben, *der kleine Johannes ist fröhlich und kräftig, ein großer Esser und Trinker.* Immer ist es Martin, der uns an Katharinas Stelle berichtet. Schon zwei Stunden nach seiner Geburt wurde der Sohn in der Stadtkirche auf den Namen Johannes getauft, Johannes nach Großvater Luther in Mansfeld und nach dem Evangelisten Johannes, *dem wir das rechte zarte, innige Hauptevangelium verdanken.* Professor Justus Jonas und der Bürgermeister und Hofmaler Lucas Cranach standen Pate. Noch lieber hätte Luther seinen früheren Landesherrn, den Grafen von Mansfeld, zum Zeugen gebeten, aber zu Katharinas Leidwesen scheute ihr Mann dann doch das Prangen und wollte nicht, daß ein Mönch- und Nonnenkind so große Herren zum Gevatter hätte.

Meine Kathena erfüllt nun wirklich das Wort der Genesis: du wirst viel Schmerzen haben, wenn du schwanger wirst, schrieb Luther einem Freund, und als das Kind dann glücklich da war, teilte er Spalatin mit, er habe von der besten Frau und dem geliebtesten Weibe das Söhnlein Johannes Lutherlein erhalten; er danke für die geburtshelfende Hand Gottes, aber schon jetzt werde das Neugeborene ein wenig geplagt durch die ungewohnte Milch, mit der die Wöchnerinnen anfangs stillen müssen.

Die Muttermilch und die Genesis; Fenchel und die geburtshelfende Hand Gottes; Nüchternheit und franziskanische Ergriffenheit, als wüßte dieser Luther wie Abraham unbeweisbar, aber offensichtlich, daß ein Bund mit ihm gemacht ist und Gott ihm sogar aus Steinen Kinder hätte erwecken können.

Nein, Käthe Luther war nicht schutzlos einem unbegreiflichen Hoheitsrecht ausgeliefert. Ihr Mann warf keinen kalten Schatten, in dem eine Frau erfrieren mußte. Betrachtet man sie mit Cranachs Maleraugen, sieht es eher so aus, als blühe sie in der Ehe auf. Nichts wurde ihr zuviel. Ihre unverbrauchte Kraft nach zwanzig Klosterjahren war unerschöpflich. Jeden Morgen erwachte sie mit ausgeschlafenen Augen und sah, was getan werden mußte. Da blieb keine Zeit, das Ungemach zu beseufzen.

Sie nahm sich keine Amme, sondern stillte ihren Sohn selbst, legte ihn viermal am Tag an und trank viel Malzbier, um lange die Brust reichen zu können. Sie wickelte, wie es Brauch war, das Neugeborene in Tücher und Bänder, *griff senfftiglich zu und tastete yegliches Glied, um es zu fügen und zu ordnen als es sein soll*, damit es sich nicht verrenke oder krumme Beine bekomme. Am Ende lag eine kleine Mumie vor ihr. Um zu prüfen, ob die Milch gut anschlage und der Säugling an Gewicht zunehme, holte sie dünnes Schilfrohr aus dem Garten und verglich es von Zeit zu Zeit mit den Fingerchen des Kindes.

Im fünften Bild unseres Laienspiels spielten sich traute Familienszenen ab. Um die Stube heimelig zu machen, hängten wir eine Kulisse ein, auf die originalgetreu der fünfstöckige grüne Kachelofen gemalt war. So begeistert waren die Bühnenbildner zu Werke gegangen, daß sogar die Köpfe der vier Evangelisten in den Kachelmulden zu sehen waren, bärtige Gesellen, Rübezahl ähnlicher als den heiligen Männern. Rotbackige Äpfel zierten den mittleren Ofensims, und auf dem obersten wärmte sich eine Katze. Durch die Fenster mit den bleigefaßten Scheiben fiel das Butzenlicht auf den Kastentisch. Lutherns Laute an der Wand und eine Petroleumlampe vervollständigten das Interieur derart, daß man befürchten mußte, in ein Märchen geraten zu sein.

Doch diese Idylle trog. Draußen tobte der Bauernkrieg. Vom Saaleingang her näherten sich, angeführt von Trommlern und Pfeifern, die Hellen Haufen, malerisch zerlumpte Landsknechte und Bauern, mit Steinkugeln und Spießen bewaffnet, ganze Schulklassen, die drauflosstürmend die Bühne zu erklettern versuchten.

»Freie Weide, freies Wasser, freier Wald!« schrien sie, und ich, ans Vorsagen gewohnt, murmelte mit: »Kein Zwicken und kein Zwacken, kein Schinden und kein Schaben, kein Herr außer dem Kaiser.«

Ein Bäuerlein forderte mit heller Kinderstimme die Fürsten auf, ihre Burgen und Schlösser abzureißen, niemanden mehr zu bedrohen und brüderlich mit allen Deutschen zu leben. Was er rief, ging im Gejohle der anderen unter.

Martin teilte den Vorhang in der Mitte und versuchte, sich Gehör zu verschaffen. In einem überlangen, umständlichen Sermon warnte er die Aufständischen vor Gewalt und Blutvergießen, ermahnte im selben Atemzug die Fürsten, sich fürstlich zu benehmen und mit Bedacht zu regieren ohn Schnauben und Toben.

Wer außer unserem Hauptdarsteller Martin hätte so flehentlich Barmherzigkeit von den einen und den anderen fordern können? Und wer außer ihm hätte dann so zerknirscht seine Schuld zugeben können: sein Eingreifen in die Welthändel müsse ja als fauler Kompromiß ausgelegt werden und könne zu nichts als Unheil führen. Seine Stimme bekam wieder den Klageton wie bei der Beichte vor Staupitz:

»Überall, o Herr, rauchen niedergebrannte Dörfer,
die Flüsse sind rot von Menschenblut,
Weh mir, ich war nicht geschickt im Friedenstiften!
Drum sind alle Fürsten und Bauern und Pfaffen wider mich
und drohn mir den Tod an. Darum verfluchen mich,
die mich eben noch um Rat angebettelt haben.«

Geschichte, wie sie sich in einem zimmergroßen, rechteckigen Guckkasten vor den Augen der Zuschauer darstellte; fast eine antike Tragödie, für die es keine Lösung gibt, weil alle gleichermaßen im Recht und im Unrecht sind.

Während hinter dem Vorhang die Kulissen mit dem gemalten Kachelofen und den Butzenscheiben ausgehängt wurden, Laute und Lampe verschwanden, hatte ich mich an den vorderen Bühnenrand zu begeben, damit Meister Cranach mich mit Fleiß abkonterfeien konnte zu meinem dauernden Andenken. Nicht im farbenbekleckssten Kittel, nein, im Samtrock und mit Samtbarett trat er auf, war er doch der reichste Mann in Wittenberg, Hofmaler, Bürgermeister, Apothekenbesitzer in einer Person. Überdies vertrieb er mit großem Gewinn Luthers Schriften.

»Seht, Katharina, mir doch in die Augen,
dies Bildnis muß unübertrefflich sein,
als Schaustück soll es für die Nachwelt taugen,
im Kolorit gar meisterlich und fein.«

Ihm tief in die Augen zu schauen, brauchte Lucas Cranach alias Gerhard Haag mich nicht aufzufordern. Ich war verguckt in ihn, von Probe zu Probe mehr. Am

Abend der Premiere waren wir gerade soweit, daß jeder Blick ein Geständnis war, jede Berührung ein Versprechen. Schon Gerhards tänzelnder Auftritt ließ mein Herz höher schlagen. Er trat vor seiner Staffelei vor und zurück, um immer wieder die Ähnlichkeit meiner Züge mit seinem Bild zu vergleichen. Er griff mir unters Kinn und drehte meinen Kopf ins rechte Licht. Er mischte die Farben auf seiner Palette, wusch und wechselte die Pinsel. Er konnte sich bewegen. Ich mußte dasitzen, ohne eine Miene zu verziehn, schwitzend unter der engen Haube und dem engen Schal. In einem Becher brachte mir Gerhard Wein, der sich in Wasser verwandelte:

»Ich bitte Euch, noch zu verweilen.
Das Licht täuscht ein ums andre Mal,
ich muß noch an dem Antlitz feilen,
seid Ihr doch Lutherns Ehgemahl.«

Und ich darob:

»Warum denn ich? Laßt's mich Euch fragen,
warum hat er denn mich gewählt?
Doch will ich deuteln nicht und fragen,
er hat sich mir in Treu vermählt.«

Für eine Weile waren der Künstler und sein Modell in einem lebenden Tableau vereint. Gerhard malte mit großem Geschick eine Katharina, die mir nicht unähnlich war und die doch an das Cranach-Portrait erinnerte: Mein Gesicht ist eingerahmt von der goldgelben Haube und dem goldgelben, um den Hals geschlungenen Schleier. Kein Härchen ist zu sehen, außer den feingestrichelten Brauen über den Mandelaugen, aber mein Mund lächelt, meine Wangen glühn röter als die zartkolorierten von Meisterhand. Ein weißes, schwarzbesticktes Chemisette, eine Art Beffchen, liegt auf dem dunkeln Kleid. Die Hand mit dem Ehering, die auf dem Brautbild ins Auge fällt, ist nicht mitgemalt. Dafür hat Gerhard sein Schaustück in der linken unteren Ecke mit einem Herzen signiert.

Eines Morgens, noch ehe die Besucher sich in allen Räumen drängen, treffe ich den Amerikaner wieder, der sich so über die Kartenschreiber an der Glasvitrine aufgeregt hat. Er steht in der Lutherhalle vor Katharinas Portrait, zu dem ich in unserem Theaterstück Modell gesessen habe. Das Bild wurde vor kurzem gereinigt und restauriert. Als sei ein Schleier weggezogen, erstrahlt das Gelb nach der Entfernung der rissigen Firnisschichten. Mit einem Taschentuch schirmt der andächtige Betrachter das Licht ab. Es sieht aus, als wolle er das Antlitz auf das Tuch abdrücken.

Später begegnet mir der beturnschuhte Mann im Stiegenhaus, will sagen auf der steinernen Wendeltreppe, die zum Obergeschoß führt. Zwei Stufen auf einmal nehmend, steigt er vor mir hinauf. Oben schleicht er über die knarrenden Dielen. In keinem noch so alten Gemäuer habe ich Dielen so laut knarren hören. Man ist versucht, sich leicht zu machen. Der Ami bewegt sich schwerelos wie der Mann auf dem Mond in großen Schritten durch die Räume. Er mißt sie aus. »Seven yards«, murmelt er, »nine and a half yard.« Angelegentlich entziffert er die Besucherinschriften im Gebälk. In die Kassettendecke der Turmstube vertieft er sich, als studiere er Michelangelos Fresken in der Sixtinischen Kapelle.

Ob er Kunsthistoriker sei, frage ich ihn, Historiker oder Theologe? Nichts von alledem. »I am a Martin- and Katharina-Fan«, erklärt er mir strahlend; Zimmermann sei er, »like Joseph«. Für seine Heimatkirche baue er die Kanzel nach, von der Luther gepredigt habe. Ob er da auch eine Kanzeluhr anbringen sollte?

Über knarrende Dielen führt er mich zu dem Kanzelfragment, dem drei Seitenteile des Korbes fehlen. Auch der Schalldeckel ist weggebrochen. An einer geborstenen Stelle streicht der Mann über das versteinerte Holz. Er nötigt mich weiter an durchsichtigen Schränken vorbei, in denen Kriegssensen, Kettenmorgensterne und Spieße aus dem Bauernkrieg aufgestellt sind. In einem anderen Glasgehäuse hängt die schwarze Kutte eines Augustinermönchs, die wahrscheinlich Luther getragen hat. Leider kann unser Martin-Fan sie nicht berühren, kann aus dem hölzernen, nachträglich in Silber gefaßten Bierhumpen nicht trinken. Eine Aufseherin achtet darauf, daß niemand den Schaustücken zu nahe kommt. Die Dielen seufzen. Die Waffen starren. Luthers Mönchskutte hängt über einem Bügel. In einer der Schauvitrinen stehen Kanzeluhren, in denen schon lange kein Sand mehr rieselt, gläserne Birnen unter Glassturzen. Verglast auch die Tische mit den aufgeschlagenen Gesangbüchern *Ein feste Burg ist unser Gott.* Lutherrosen blühn. Silber glänzt. Auf den hölzernen Einband des Wittenberger Heiltumsbuches ist die Schloßkirche geschnitzt. »To us, Wittenberg is Rome«, sagt der Amerikaner, »you see, here is the land of the rising sun.« Er sei Altlutheraner aus Saint Louis am Mississippi.

Gemessen an der Anbetung dieses Herrn aus Saint Louis ist meine Spurensuche ein nüchternes Unterfangen. Ich brauche mich nicht gegen eine Verklärung Katharinas zu wappnen. Muß ihren Hochzeitsring nicht küssen, diese einzige Hinterlassenschaft. Ich muß die Kanzel nicht nachbauen, auf der Luther gestanden hat. *Tritt frisch auf, machs Maul auf, hör bald auf,* hat er sich selbst und anderen Predigern geraten. Ihn höre ich predigen, scherzen, disputieren, Tischreden halten. Und was er sagte, wurde penibel aufgezeichnet.

Katharina muß ich die Worte in den Mund legen, die wenigen, die überliefert sind: *Ich weiß nit bessres als was da geschrieben.* Käthe droht mir immer wieder zu verschwinden und klein zu werden neben ihrem Ehgemahl. Aber wenn ich ihr gerecht werden will, muß ich sie mit Luthers und mit Cranachs Augen sehn. Und ich muß mich erinnern: »Hättest du Lust, die Katharina zu spielen?«

Katharina eine gespielte, erlebte Figur, nicht nur ein Name ohne Gestalt und Gesicht. Als ich in ihre Schuhe schlüpfte und sogar einen davon auf der Flucht verlor, ahnte ich nicht, daß ich einmal diese Zeilen an sie schreiben würde, einen Brandbrief gewissermaßen, keinen Mahnbrief und schon gar keine schriftliche Androhung, Feuer zu legen; vielmehr einen Brandbrief in des Wortes ursprünglicher Bedeutung. Zu Katharinas Zeiten war's eine Bettelgenehmigung: Leute, die durch Feuersbrünste Hab und Gut verloren hatten, konnten mit dieser, vom Gemeinderat ausgestellten Erlaubnis betteln gehn, und niemand durfte sie von den Türen vertreiben.

Wir sind abgebrannt. Ausgebrannt. Stehn vorm kalten Büfett, wo zwischen Champagnerflaschen und Kaviardosen eine geschnitzte Krippe zu sehn ist und dann und wann ein Engel in Aspik. Wir haben es weit gebracht, ohne Zweifel. Mit unsrer Macht ist viel getan. Die Pestilenzen kommen nicht mehr als blaue Flämmchen getanzt, als giftige Pfeile geschwirrt. Wir haben ihre Erreger erforscht und brauchen keinen Wacholder anzuzünden, an keinen Moschusäpfeln zu riechen. Was Luthers Steinleiden betrifft: Wir können die Quälgeister durch Ultraschall orten und glattweg zertrümmern oder entfernen. Heute hätte der Mann weiß Gott länger leben können. Und besser, soviel steht fest. Katharinas Unfall mit der Reisekutsche auf der holprigen Landstraße nach Torgau wäre auch keine solche Katastrophe geworden. Heute kann man gebrochene Hüftgelenke durch künstliche ersetzen. Und nie im Leben hätte sich die Lutherin so abrackern müssen, wie sie sich abgerackert hat vom Aufgang der Sonne bis zu ihrem Niedergang...

...sei gelobet der Name des Herrn. Wer fällt noch ein in den Kanon auf derselben Tonhöhe mit der gleichen Melodie und kommt auf den Anfang zurück? Wir können uns viel vom Leib halten. Auch die ganze Gewissensquälerei kann uns gestohlen bleiben. Aus der guten alten Sünde ist schlichtes Versagen geworden, aus der Lüge die Schutzbehauptung. Wir haben leicht reden. Nur der Horizont verschiebt sich nicht mehr. Wir müssen ohne Vorstellung von Zukunft auskommen. Der größte Fortschritt ist der Fortschritt unserer Ratlosigkeit vom Aufgang der Sohne bis zu ihrem Niedergang. Aber selbst ihr Niedergang ist zu überlisten. Einmal bin ich mit neunhundert Stundenkilometern Geschwindigkeit in dreißigtausend Fuß Höhe nach Westen geflogen und habe einen Sonnenuntergang im Zeitlupentempo erlebt. Kann ich mir deshalb saloppe Vorurteile erlauben, als habe die Welt zur Lutherzeit noch in den Windeln gelegen? Meine billige Gescheitheit fünfhundert Jahre später vergißt den Preis für die Geschwindigkeiten und Schallgeschwindigkeiten und übersieht die weißen Flecken auf unseren Landkarten, die einmal bevölkert waren mit Propheten und ihren unverbrauchten Visionen.

Unser Mangel an Herkunft treibt uns in die Angst vor der Zukunft. Wir fahrn dahin im Kältestrom des Fortschritts mit wer weiß was für Konsequenzen, die alles Dagewesene in den Schatten stellen. In die Technik verguckt, erwarten wir Antworten von flackernden Bildschirmsignalen. Unter den obwaltenden Umständen gehört das Morgen der Perfektion. Auf diesem Wege läßt sich unter anderem das Erbgut der Dinosaurier erforschen; aus kleinsten Hautpartikelchen ließe sich der ganze vorzeitliche Mensch rekonstruieren.

Katharina von Bora? Wer bitte sehr soll das gewesen sein? Eine Frau, eingemalt in das Sittengemälde einer Epoche, eingekeilt in strengste Vorschriften und Kleiderordnungen, eine exakte soziale Silhouette? Du sollst. Du sollst nicht. Du darfst. Du darfst nicht. Und wehe, du tust es. Man möchte um nichts in der Welt mit ihr tauschen. Wir können leben, wie's uns gefällt. Keine Donnerworte mehr, hinter die Ohren zu schreiben. Wir haben in erster Linie uns selbst im Sinn. Für was müßten wir noch geradestehn? Auch verlangt kein Mensch von uns, den einunddreißigsten Psalm auswendig zu lernen. Das wäre ja noch schöner. Wir haben Einträglicheres zu tun und befleißigen uns vielerlei Künste und sehen tagtäglich, was in der Welt los ist, einer gläsernen Medienwelt, in der alles veröffentlicht wird, was im Kampf um Einschaltquoten der Veröffentlichung wert befunden wird.

Katharina, um wieder von ihr zu reden, hörte eine Feder kratzen. Der Mann neben ihr suchte nach der erlösenden Sprache, in der das Wort Gnade noch nicht in Ungnade gefallen war. Und in diesem Kampf stand er immer auch mit seiner Käthe. Darum beneide ich sie und möchte sie rekonstruieren, auch ohne ein Hautpartikelchen von ihr zu haben. Ich kenne ihr Erbgut. Was ich schreibe, ist ein Brandbrief an sie, um Abhandengekommenes zurückzuerbetteln.

Im siebenten Akt führten wir ein Singspiel auf, in dem auch Martin seine Stimme erheben und sein Lied *Nun kommt der Heiden Heiland* singen mußte. Jetzt hatte er Lampenfieber, weil er nämlich alles konnte, nur eben nicht singen und Laute spielen. Eine Gitarre war ihm umgehängt. Er tat so, als greife er in ihre Saiten. Hinter der Bühne stand unser Musiklehrer und spielte auf einer dickbauchigen Laute und sang dazu mit weittragendem Bariton. Martin klappte nur den Mund auf und zu. Es entbehrte nicht der Komik, wenn er die Musik zwischen zwei Strophen zu loben hatte, die ihn gar oft erfrische und aus großen Nöten reiße, schäume und hervorsprudele wie ein frischer Quell: »Wenn man nur mit Fleiß singet, ist das Seelichen wie im Himmel, eine rechte Trösterin ist die Frau Musica.«

Der Chor einschließlich des Engels sang mehrstimmig Lutherlieder. Viel hätte nicht gefehlt, und alle Zuschauer hätten mitgesungen, aber dazu ließen sie sich erst zum Schluß der Aufführung hinreißen. Ich mußte an den Bühnenrand treten und den altkirchlichen Hymnus *Veni redemptor gentium* singen, der mir von Mariathron her vertraut war, immer schon gekonnt und nie vergessen. Meine Stimme erreichte aber kaum die Zuschauer in der ersten Reihe. Darum erließ es mir unser Lehrer, mich ein zweites Mal zu blamieren.

Der Chor zog sich zurück, bis nur noch der Engel schemenhaft zwischen zwei Kulissen zu sehn war. Martin und ich setzten uns an den Tisch. Als die Magd das Essen auftrug, stürzte ein Bote auf die Bühne. Ihm war die fliegende Rede zu Ohren gekommen, daß die beiden Augustinermönche Heinrich von Voes und Johann van den Eschen in Brüssel bei lebendigem Leibe dem Scheiterhaufen übergeben worden waren, weil sie sich unerschrocken zu der neuen Lehre bekannt hatten. Überwältigt von Schmerz und Wut sank Martin auf die Knie, ermannte sich alsbald und schrieb mit zitternder Hand sein erstes politisches Gedicht, ein Lutherisch Trutzlied, in dem er mit flammenden Worten der Öffentlichkeit den Märtyrertod seiner beiden Glaubensbrüder bekannt gab. Als habe er es auch gleich vertont, reichte er mir die vier Strophen mit den Worten:

»Sing du es mir, mein Eheweib,
mir selbst die Stimm im Halse bleibt.«

Ich nahm das Manuskript, begab mich auf die Fensterbank und ließ den Engel an meiner Stelle singen: *Ein neues Lied wir heben an.* Aus dem nicht vorhandenen Schnürboden schien eine Nachtigall sich niederzulassen und einem Engel ihre Stimme zu leihen. Noch heute kann ich mir CD-Platten auflegen, und der Laserstrahl tastet diese Stimme aus den haarfeinen Rillen. Unser damaliger Engel singt auf den Bühnen der Welt und hat vielleicht längst vergessen, wie alles angefangen hat.

Es wird Dezember, bis ich wieder nach Wittenberg muß. Wenn die Straßen vereist sind, lasse ich mein Auto in der Garage. Ich fahre in einem Intercityzug namens Gutenberg. Eine Broschüre belehrt mich, daß es auch einen IC Martin Luther gibt.

Im Großraumwagen hängt ein gerahmter Spruch:

»Sage nicht immer, was du weißt,
aber wisse immer, was du sagst.«

Darunter steht kleingedruckt das Angebot, selber einen Spruch vorzuschlagen; wenn man die Bildfläche für sich haben wolle, müsse man sich an die Deutsche Eisenbahnreklame wenden. Was könnte ich da hineinschreiben lassen?

Um diese Jahreszeit sieht man weniger Reisebusse in Wittenbergs Straßen. Aber im Schwarzen Kloster sind immer Touristen. Bevor sie ihre Eintrittskarten lösen, gehen sie zum Postkartenständer. Kaum einer wirft einen Blick auf die Glasvitrine mit Luthers Werken. Daß so viele Bücher aus der Feder eines einzigen Menschen stammen, setzt kaum jemanden in Erstaunen. Im Zeitalter der Superlative ist man an ganz andere Rekorde gewöhnt.

Mich zieht es zuerst wieder hinter das Haus. Im winterlichen Garten sind die Obstbäume jetzt auf die Hälfte ihrer Sommergröße zugestutzt. Der Schnee von gestern tropft von den Ästen. Die Sägewunden sind mit Wachs verschlossen. Die Rhododendronblätter sind vor Kälte wie alte Bücher eingerollt. Auf den Beeten liegt Fichtenreisig. Nur der Rosenkohl, dem Frost nichts ausmacht, steht in langen Reihen, die Sprossen mit Spinnweben behangen. Vor die Gartenmauer haben Kinder einen Schneemann gestellt. Er ist schon in sich zusammengesackt; seine Kohlenaugen werden nicht mehr lange in den Höhlen haften. Jeder Schritt raschelt im frostigen Laub. Die Büsche schweben im violetten Schneelicht. Neben dem Brunnen wächst auch heute noch das Schilfrohr, mannshoch, scharfkantig, mit bereiften Blättern.

Käthe, die besorgte Hausfrau, hat getrocknet, was sie im Garten geerntet hat, Erbsen, Bohnen, Äpfel, Pflaumen. Von anderem Obst hat sie Latwergen gekocht. Der Weißkohl wurde eingestampft. Das Kraut, das im Medizingärtlein gegen jedes Übel gewachsen war, konservierte sie zünftig, wie sie es der Siechenmeisterin im Kloster abgeguckt hatte.

Katharina die Heilerin. Martin war der Gesündeste nicht mehr. Sie verabreichte ihm Elixiere aus mit Alkohol verschütteltem Farnsamen gegen sein Steinleiden. Sie wußte, wie man die leidige Verstopfung behob und wie das Sausen und Klingen in den Ohren, *lauter als alle Glocken von Halle, Leipzig, Erfurt und Wittenberg zusammen.* Auf Martins Kopfkissen kam ein Sack mit getrocknetem Farnkraut. Ob dadurch die Glocken verstummten? Auf Martins offenes Bein band Käthe Bärlappblätter. Heilte die Wunde zu?

Der große Luther ein Pantoffelheld? Manch einer, der ihm nicht wohlwollte, mag sich die Hände gerieben und ins Fäustchen gelacht haben. Das kommt davon, es war ja vorauszusehen: an die Leine gelegt hat jene sächsische Nonne den Hitzkopf; hausbacken und spießig geht's jetzt zu, seit aus dem Schwarzen Kloster das Lutherhaus wurde. Es gab noch lange viel böses Blut. Selbst die Nachwelt hat sich über Käthens Fürsorge mokiert. Die allerübelsten Lästerer machten nicht nur ein Weib aus ihr, das ihren Mann vor lauter Sorgfalt erdrückte, sie beschuldigten die Lutherin sogar, eine nymphomane Megäre gewesen zu sein, die mit allen Kostgängern in ihrem Hause gebuhlt habe. Und Strindberg in seinem großen Lutherdrama wollte »da nicht weitergehn als bis Wittenberg, denn nun kommt Käthe, mit ihr Familiensorgen, ungeratene Kinder und Wirtschaftsgeld. Das ist nicht mehr schön.«

Dann kam Käthe und mit ihr Familiensorgen. Im armen Stüblin im quadratischen Turm ließ sie ein Fenster durchbrechen, damit Martin den Ausblick auf die Elbe hatte. Sie ließ ihm da einen Ofen setzen und eine Sitzbank aufstellen. Das ist nun schön warm und sauber. Sie schafft ein Stücklein Paradies.

Es ging aber paradiesisch nicht zu in diesem Haus auf dieser dunklen Erd. Luther erkrankte schwer. An Gallenblasenentzündung? An Nierenversagen? An wer weiß was für einem rätselhaften Leiden, das mit Gleichgewichtsstörungen und Doppelsichtigkeit begann und zu Bewußtlosigkeiten führte.

Luther erkrankt, vermelden die Chroniken vom Juni 1527. Er war im vierundvierzigsten Jahr seines Lebens. Ohnmachten umfingen ihn, daß er verzweifelt unter den Händen seiner Frau und seiner Freunde zu vergehen meinte und den Tod, die zahnlose Vettel, mit der Sense in der Hand schon in die Stube treten sah.

Was tat er, als er wieder zu sich kam? Er bat Bugenhagen an sein Bett. Keinem anderen Menschen hatte er sich so rückhaltlos geöffnet wie ihm. Nun beichtete er ihm, wie er meinte zum letzten Mal. Wollt er doch, wenn die Seele die Flügel der Vernunft einzog, mit Fried und Freud dahinfahren. Sollt sich doch der Tod am Glauben zu Tode beißen. Wie oft hatte er solche Sätze Sterbenden und Trauernden geschrieben.

Beherrschte hier einer, der von Lebenskunst nicht eben viel verstand, die Sterbekunst besser? Und das nicht nur auf dem Papier? *Mein allerliebster Gott, du hast mich ja in die Sach geführt, du weist, das dein wahrheit und wort ist.* Vom Weinen verstümmelte Sätze, von dem Freund Justus Jonas mitprotokolliert, als habe ein Abhörgerät unter diesem Krankenbett gestanden.

Luther erneut schwer erkrankt. Ein Andrang des Blutes gegen das Herz. Eine Brustbeklemmung. Harnverhalten. Mit Sicherheit war's auch wieder die schwarzgallige Melancholie, die noch nicht »Depression« hieß.

Damit kannte Käthe sich aus. Sie verabreichte Taubnesselsaft, der löst Traurigkeit und manche Verhocktheit. Auch die Nieswurz bewährt sich da: mit Essig abgekocht und ins Ohr geträufelt, beseitigt sie das Dröhnen im Kopf; löffelweise geschluckt, hellt sie das grämliche Gemüt wieder auf. Aus der Mistel, im Winter von den Apfelbäumen geerntet, wurde der Saft gepreßt und in Flaschen abgefüllt; richtig dosiert, lassen sich damit die Harnwege wieder öffnen. Manche Medizin schmeckte freilich scharf und beißend. Käthe mußte sie dem sperrigen Patienten einverleiben.

Aber alle Liebesmüh war umsonst. Es wollte Luther diesmal nicht gelingen, seiner Traurigkeit entgegenzutreten, sie wie das Zischen einer Gans zu verachten und daran vorüberzugehn. So pflegte er allen zu raten, die sich mit der Verfinsterung ihrer Seele herumschlugen. *Fallen dir schwarze Gedanken ein, laß sie wieder ausfallen.* Solche einfachen Rezepte versagten jetzt.

Auch der Leibarzt Doktor Augustin Schurff machte kein Hehl daraus, daß er mit seiner ärztlichen Kunst am Ende sei. Besser den Patienten heilsam erschrecken als ungewiß vertrösten.

War der Kranke, als Leib und Seel ihm verschmachteten, noch der Glaubensheld, der er als Gesunder gewesen? Auch seine Krankheit war ein öffentliches Ereignis. Also hat Justus Jonas mitprotokolliert, was er noch aus Luthers Mund hörte, letzte Worte an Katharina, die dann gottlob die letzten nicht waren: *Gott aber, der Vater der Waisen und Sachwalter der Witwen, wird euch wohl verwahren und ernähren.*

Jonas, Propst des Allerheiligenstiftes in Wittenberg, hatte gerade seinen kleinen Sohn beerdigen müssen. Jetzt ließ er es sich nicht nehmen, Katharina und Muhme Lene bei den Nachtwachen abzulösen. Doktor Schurff war zur Stelle, wann immer man ihn rief. Lucas Cranach erschien; nicht um ein Totenbildnis zu malen, er brachte Lebenselixiere aus seiner Adlerapotheke. Bugenhagen kam es hart an, sein Beichtkind so darniederliegen zu sehn. Der stattliche, hochgewachsene Pommer, der dem Teufel starke Knochen entgegenhielt und der Püffe vertragen konnte, weinte hemmungslos. Und Melanchthon? Wie oft war dieser Mitstreiter Luthern zu sanftmütig, zu edel, zu abgehoben gewesen, *so ohne ein Gran Dämonie und Feuer.* Diesem edlen Freund hat Martinus sein PECCA FORTITER zugerufen, sündige wacker, und hinzugefügt, daß wir ohne Sünde nicht leben könnten, das größte Übel sei allezeit von den Besten gekommen. Und wie oft war dem zarten »Erasmus von Wittenberg« Luther ein Kreuz gewesen, so daß er dessen martialische Urteilskraft gefürchtet hatte. Jetzt näherte sich Melanchthon dem Krankenbett mit Zittern und Zagen. Mußte der Freund schon gehen? Auch Barbara Melanchthon, Käthens Rivalin in der Wittenberger Gesellschaft, bot ihre Unterstützung bei den Nachtwachen an. Eine bewegte Szene im Krankenzimmer. Ein leises Kommen und Innehalten und Gehen.

Bei der Betrachtung eines so oft beschriebenen, gemalten Lebens wird auch die vermeintliche Sterbestunde zum Bilde. In der Mitte auf dem Bettrand sitzt Katharina, die zwei Zöpfe, die Martin hier so gern gesehn, unter die Haube gesteckt. Das Kleid wölbt sich über ihrem Leib und über der Brust. Sie beugt sich über den Kranken. Kein größeres Verdienst im Leben, so hat sie es in Mariathron gelernt, als einem beizustehn in der letzten Stund, dem Stündlein.

Justus Jonas hat auch aufgezeichnet, was Katharina hier noch gesagt hat. Es fällt uns schwer zu glauben, daß sie so gefaßt gewesen sein konnte: *Mein lieber Herr Doctor* – so redete sie ihn noch angesichts des Todes im Beisein anderer an – *Mein lieber Herr Doctor, ists Gottes wille so werd ich euch bey unserm herr Gott lieber denn bey mir wissen. Es ist nicht allein umb mich und umb mein Kind, sondern umb viel fromme christliche Leut zu thun, die euer noch dürffen; wollet euch meinethalben nicht bekümmern, ich befehl euch seinem göttlichen willen, es wird Gott wol erhalten.*

Käthe, die Unverdrossene, ließ aber nichts unversucht,

ihren liebsten Herrn Doctor bei sich und denen zu behalten, die seiner noch bedurften. Immer wieder rieb sie dem Kranken die Pulsadern mit Rosenwasser ein, um ihn wiederzubeleben. Den Arzt überredete sie, den erkalteten Patienten von Kopf bis Fuß in heiße Tücher einwikkeln zu dürfen. Und Luther genas unter ihren Händen, nachdem er *eine Woche lang in Tod und Hölle hin und her geworfen war. Wegen der Fürbitte der Gläubigen hat Gott aber angefangen, sich über mich zu erbarmen und hat meine Seele aus dem Grund der Hölle gerissen.* Wittenberg, den 2. August 1527.

Wäre Luther zu dem Zeitpunkt gestorben, hätte er auch da schon eine verwandelte Welt hinter sich gelassen. Erspart geblieben wären uns seine verbalen Rundumschläge gegen alle seine Widersacher, zu denen er sich in den drei letzten Lebensjahren hinreißen ließ. Es wären dann allerdings auch Hunderte seiner Briefe nicht auf uns überkommen, der kleine und der große Katechismus nicht, die Auslegung der Psalmen und der größte Teil der Übersetzung des alten Testamentes nicht, das er erst 1534 vollendete. Die Lieder *Ein feste Burg ist unser Gott* und *Erhalt uns Herr bei deinem Wort* wären nie gedichtet worden, der *Sendbrief vom Dolmetschen* und *Die Warnung an meine lieben Deutschen* nie geschrieben. Das hätte gefehlt.

Nein, es ging paradiesisch nicht zu in Wittenberg. Ende August 1527 kam die Pest. Sie trat plötzlich auf, besonders bei jungen Leuten. Hüt dich, schön's Blümelein!

Die Pest begann mit Schwellungen unter den Achseln

und in den Leisten, mit blauen Flecken auf der Haut und Schüttelfrösten. War sie erst in ein Haus eingekehrt, blieb keiner verschont. Es gab jedoch noch eine andere, schlimmere Pest, nämlich die Furcht vor ihr. Die Leute flohen einander, daß man weder einen Aderlasser noch eine Magd finden konnte. Der Teufel war in das Volk mit der rechten Pestilenz gefahren. Der Bruder verließ den Bruder, der Sohn die Eltern, ja die Mutter ihr Kind und der Arzt die Sterbenden. Manche beteten zum heiligen Rochus; der hat bei der großen Pestilenz in Italien Kranke gesund gepflegt, bis die Seuche ihn selber dahinraffte. Andere flehten den heiligen Sebastian an, dem steckten alle Pfeile just an den Stellen im geschundenen Leib, wo die Pestbeulen saßen.

Die Pest kam mit der hochsommerlichen Hitze. Kam als blaues Flämmchen getanzt, als giftiger Pfeil geschwirrt. Die Leute behaupteten, die Jüdden hauchten die Christen mit ihrem stinkenden Atem an oder vergifteten die Brunnen. Nur weil die Männer Kaftane, Schläfenlocken und Peies trugen und die Frauen unter dem Scheitel den Kopf geschoren hatten, meinte man, ihnen alles Übel in die Schuhe schieben zu können. Die Gescheiteren wußten: Die Ratten schleppten die Seuche von Stadt zu Stadt, denn die Ratten brachten die Flöhe mit. In der Kunst des Flöhefangens war man zu Pestzeiten geübt. Man verbrannte Wacholder und Baldrian in den Krankenstuben, um das Ungeziefer auszuräuchern. Aber die Ratten vermehrten sich wie die Ratten.

Die meisten Menschen flohen. Auch die Universität – dank Luther die größte in deutschen Landen – wurde nach Jena verlegt, und *der Satan freute sich, die Herzen so verzagt zu machen, daß er diese einzigartige Lehrstätte zerstreute, die er nicht ohne Grund vor allen anderen haßte.* Bis auf ein kleines Häuflein der Eifrigsten verließen dreitausend Studenten samt ihren Professoren die Stadt.

Der gute Kurfürst Johann beschwor Luther, auch nach Jena auszuweichen, bis dahin gelange der Gifthauch der Pest gewiß nicht. *Die Angst und die Flucht vor der Angst,* antwortete Luther, *ist das schlimmste. Ich bleibe, das ist wegen der ungeheuren Panik im Volke wichtig.*

Wenn er meine, hier unentbehrlich zu sein, antwortete ihm der Kurfürst, solle er wenigstens Frau und Kind fortschicken, das sei er ihnen bei Gott schuldig.

Wurde es Katharina freigestellt, zu bleiben oder zu fliehen? Sie blieb. War sie hier schon so unersetzlich wie ihr Mann und konnte nicht mehr weggedacht werden, ohne daß etwas fehlte? Sie war jung. Sie war achtundzwanzig Jahre alt. Sie war schwanger. Im Dezember sollte das zweite Kind kommen. Hatte sie keine Angst, sich anzustecken.?

Sie machte aus dem Riesenhaus ein Hospital. Auch in Zeiten der Pest bewährte sich, was sie im Kloster gelernt hatte. Immer mehr Betten mußten aufgestellt werden, schmale, kurze Betten, die aussahen, als warteten sie nur auf einen, der sterben oder der zur Welt kommen wollte.

Um keine unscharfe Heiligenlegende um die Käthe des Sommers '27 zu verbreiten, halte ich mich strikt an Luthers Briefe. Da wird vermeldet, daß unter den Händen seiner sorgfältigen Frau eine Margaretha von Moschau und eine Hanna Augustin gesund gepflegt wurden. Eine Frau Magister Rötet verschied in Käthens Armen. Bugenhagen übersiedelte mit seiner Familie ins Lutherhaus. Er erkrankte schwer, aber seine robuste Natur widerstand dem tückischen Schwarzen Tod. Frau Bugenhagen erwartete Ende des Jahres auch ein Kind. Des Herrn Georg Frau, die unmittelbar vor der Niederkunft stand, wurde von den Blattern befallen. *Man versucht bereits, ob wenigstens das Kind gerettet werden kann.*

Aber wie? Was um Himmels willen konnte man denn tun? Fliehen. Vor allem konnte man in unverseuchte Landstriche fliehen. »Ob man vor dem Sterben fliehen möcht«, heißt die Schrift, die der kranke Luther in dieser Schreckenszeit verfaßte. Und er meinte: Ja, man dürfe davonlaufen, denn das Leben retten zu wollen, sei natürlich und von Gott eingepflanzt. Bleiben allerdings müßten in jedem Fall die Ärzte, die Geistlichen und die Amtspersonen. Die Städte sollten schleunigst Pesthäuser einrichten, daß nicht jeder Bürger in seinem Hause müßt ein Spital halten.

Geblieben war auch Muhme Lene, eine Verwandte von Käthens Mutter. Ein Jahr nach der Flucht der zwölf Nonnen war auch sie aus dem Kloster entwichen und bis Wittenberg gekommen. Da werkelte sie mit der Hausfrau um die Wette, damit alles seinen rechten Gang ging. In ihr fand Käthe die immer entbehrte Mutter, die sie nicht mit *ehrwürdige* Mutter anzureden brauchte. Nach allem, was wir über sie wissen, muß diese Lene eine Seele von Mensch gewesen sein, warmherzig wie das verschollene Wort »Muhme«. So haben einige Maler sie in Familienbilder mit hineingesetzt: die Leutseligkeit in Person.

Sie brachte ihre Erfahrungen als Siechenmeisterin eines Klosters mit. Die Krankenstuben wurden dreimal am Tag mit einem Weihrauch aus beizenden Kräutermischungen geräuchert. Den Patienten gab man nüchtern eine Brühe aus Myrrhe, Thunfischrogen und Baldrian; das ließ den Schweiß und mit ihm die schädlichen Säfte aus den Poren treten. Wenn Doktor Schurff Urin und Stuhl der Kranken beschauen wollte, reichte man ihm die Gläser mit Leinen umwickelt ins Freie, damit er seine Untersuchungen dort vornehmen konnte. In der Cranachschen Apotheke ließ Muhme Lene Riechäpfel aus Moschus herstellen und zwang Käthe, immer einen davon in der Tasche zu tragen und unter die Nase zu halten, bevor sie eine Krankenstube betrat. Die Pest legte das Leben bloß bis auf den Grund und nahm jede Illusion über die Stärke menschlicher Natur.

Zwei Frauen, die eine schwanger, die andere alt, taten das Menschenmögliche in der entvölkerten Stadt. Es gelang ihnen noch, einen Bader zu finden, der zur Ader lassen konnte. Sie verabreichten den Fiebernden Tee aus Kamille und Tausendgüldenkraut und den Stengelsaft des Löwenzahns, um das Blut zu reinigen. Sie legten die gebrühten breiten Blätter der Alraune auf die Geschwüre, das linderte den Schmerz. Nach einem alten Rezept stampften sie Feigen, Rauten und Walnüsse in einem Mörser und gaben den Brei morgens auf nüchternen Magen. Dem Farn, der Burgen erobern konnte, traute man große Kräfte zu. Gebrühtes Farnkraut wurde den Kranken auf den Leib gelegt. Wenn aber alle Liebesmüh vergeblich schien, dann konnten nur noch die Wurzeln der Alraune gebrüht und der Sud den Sterbenden eingeflößt werden, um ein ruhiges Ende zu ermöglichen.

Die Hitze stieg ins Unerträgliche. Im Haus mußten die offenen Feuerstellen Tag und Nacht in Gang gehalten werden, um alles Räucherwerk und Heilkraut herstellen zu können und um immer warmes Wasser zu haben. Die Badstube gab es noch nicht. Oft fehlte es am Nötigsten, und Käthe schwor sich, alles dranzusetzen, um künftig nicht auf Schritt und Tritt an die klösterlichen Entbehrungen erinnert zu werden. Sie wünschte, sie hätte soviel Wäsche, wie beschriebenes und bedrucktes Papier im Hause war. Ohne die Hilfe der Cranachs und Bugenhagens, die Betten, Leinzeug und Wannen zusteuerten, wäre hier gar nichts gegangen. Ich stelle mir Katharina vor, wie sie ihre Röcke raffte, ihren Rücken durchdrückte, an Muhme Lenes Riechapfel roch und eine Krankenstube betrat.

Spätestens jetzt werden die Wittenberger Frau Käthe nicht mehr »jene Nonne« genannt haben, sondern »die helle Sächsin, die Lutherin«. Und auch ich statte sie mit Bärenkräften aus, als habe sie in dieser robusten Wirklichkeit Berge versetzen können. Die Nachwelt freilich hat nicht ihren, sondern nur Luthers Dienst an den Pestkranken in Bleistiftzeichnungen und Stahlstichen festgehalten. Ohne Mundschutz reicht er da Sterbenden den Kelch und drückt den Toten die Augen zu.

Die Pest verließ die Stadt so plötzlich, wie sie gekommen war. Die Studenten kehrten aus Thüringen zurück. Noch geschwächt, beendete Luther seine Schrift »Ob man vor dem Sterben fliehen möcht«. Unverzüglich nahm er auch seine Vorlesungen wieder auf und, zusammen mit Bugenhagen und Melanchthon, die Übersetzungsarbeit am Alten Testament. Er sah sich von Freunden umringt, die ihn auch in seiner Sterbestunde nicht allein gelassen hätten, und er sah sich von Feinden umringt, die ihn am liebsten gerädert und gevierteilt hätten. Aber das Schwarze Kloster erwies sich als feste Burg, seine Mauern fielen nicht vor dem Posaunengeschrei aus Rom.

Kaum genesen, machte sich Martinus an die Auslegung der Zehn Gebote und begann, am kleinen Katechismus zu arbeiten. Er schrieb und schrieb; Blatt um Blatt verschwand unter seiner kleinen genauen Handschrift; er schrieb trotz aller päpstlichen Strafandrohungen gegen die Verbreitung schlechter Schriften. Niemand, auch Käthe nicht, konnte ihm Einhalt gebieten. Er reiste nach Torgau, um die landesfürstliche Kirchenvisitation durchzuführen, wie sein Amt es verlangte. Käthe gab ihm den Mistelsaft gegen sein Kopfdröhnen mit und schärfte ihm ein, ihn regelmäßig zu sich zu nehmen.

Sie war nicht weniger erschöpft von den durchwachten Nächten, dem Treppauf und Treppab in den Wochen der Heimsuchung. Ihre Beine waren geschwollen. Es roch noch lange nach Wacholder und Baldrian in den Stuben. In einer Kammer im Obergeschoß, in der kein Kranker gelegen hatte, richtete Muhme Lene die Wochenstube her. Hier hatte Katharina den Sohn geboren. Hier brachte sie am 10. Dezember 1527 ihre Tochter Elisabeth zur Welt, kein Mönch- und Nonnenkind mehr, eins, zu dem die Wittenberger Bürger sie beglückwünschten. Die Lutherin, sagten sie, ist mit einem Mädchen niedergekommen. Getauft wurde es auf den Namen Elisabeth nach der Mutter Johannes des Täufers. Frau Barbara Cranach, die reichste Bürgerin der Stadt, ist die Gevatterin.

Aber das Elisabethchen wollte nicht recht gedeihen. Der Winter siebenundzwanzig auf achtundzwanzig war hart und Schmalhans Küchenmeister. Auch die Schweine waren an der Pest eingegangen, fünf starke fette Tiere und alle Ferkel. Noch immer wohnten kranke und gesunde Freunde im Lutherhaus, darunter drei aus einem Freiberger Kloster entsprungene Nonnen, die sich nützlich machen wollten. Sie waren aber so ungeschickt, daß Katharina ihnen nur Näharbeiten anvertrauen konnte. Außer dem gemalten oder dem geschnitzten Jesuskind hatten sie noch nie ein Neugeborenes gesehen. Keine größere Freude konnte Käthe ihnen machen, als daß sie der einen, der anderen das Elisabethchen in den Arm legte – oder den kleinen Johannes Bugenhagen, der am letzten Tag des Jahres in der Wochenstube geboren war. Käthe beschwor ihren liebsten Herrn, wie sie Luther gelegentlich anredete, drei Ehemänner für ihre drei Schutzbefohlenen zu suchen. Aber Martin war mit Wichtigerem beschäftigt. Er versprach jedoch, sich umzusehen.

Der Frühling kam. Die Elbe, vom Eise befreit, floß wieder als breiter Strom, schwemmte die letzten trudelnden Eisinseln hinweg und trat über die Schilfufer. Ein Wunder, daß sie, als die Pest hier wütete, nicht kehrtgemacht hatte vor Entsetzen und zurückgeflossen war. Nun spiegelte sie den Himmel. An der Holzbrücke konnten die Elbkähne wieder anlegen.

Wenn unter Mittag die Sonnenstrahlen schon wärmten, durften die drei Freibergerinnen das festeingewikkelte Elisabethchen spazierentragen, damit es frische Luft atmen und Appetit bekommen sollte. Käthe trug es selber im Garten umher, wo die runzligen Kirschblätter sich eben entrollten und das Knospen und Drängen durch nichts aufzuhalten war. Sie wagte aber nicht, ein dünnes Schilfrohr abzubrechen, denn sie wußte, es war immer noch dicker als die Fingerchen der Kleinen. Hätte sie es lieber abstillen sollen? War ihre Milch zu mager, weil sie selber so abgenommen hatte in den letzten Monaten? Wenn sie das Kind in der flachen Holzwanne badete, erschrak sie jeden Tag neu beim Anblick des schlaffen kleinen Körpers. Wie anders hatte Hans in diesem Alter ausgesehen. Wie kräftig hatte der geschrien, wenn er Hunger gehabt oder es ihm beim Zahnen ein wenig weh getan hatte. Elisabeth winselte nur leise vor sich hin, man wußte nie, was ihr fehlte, was sie wollte und was nicht. Als der Sommer kam, lag sie noch immer so teilnahmslos da, so daß Käthe mehr als einmal eine Flaumfeder aus dem Bettzeug zog, sie vor Mund und Nase des Kindleins hielt, um zu prüfen, ob da noch ein Atemzug war. Am 3. August starb Elisabeth und wurde auf dem Alten Friedhof begraben. Käthens Tränen sind nicht überliefert.

Wenig später, am 29. Oktober, läßt Martinus den letzten Prior des Augustinerklosters zu Wittenberg und späteren Prediger in Altenburg, Eberhard Brisger, wissen, daß seine Käthe wieder guter Hoffnung sei, die Frucht zeige aber noch kein Leben.

Ob schwanger oder eines der Kinder stillend, Käthe scheint keine Erschöpfung gekannt zu haben. Das verrottete alte Kloster ist unter ihrer Regie zwar kein Paradies, aber ein wohnliches Haus geworden. 1531 wurde es sogar ihr Eigentum.

Dieses freudige Ereignis feierten wir zu Beginn des 7. Aktes auf der Bühne. Da kam Martin in die Wohnstube gestürmt, nahm mir meine Näharbeit aus der Hand und wedelte mit einer Urkunde vor meiner Nase:

»Rate, Käthe, was ich habe,
eine hohe Ehrengabe,
dein Sorgenstein muß nun zerspringen,
und du wirst Dankeslieder singen.«

Auf diese blumigen Andeutungen hin hatte ich die Urkunde in die Hand zu nehmen, an den Bühnenrand zu treten und laut zu verlesen, daß die Stadt Wittenberg auf Veranlassung des Kurfürsten Johann des Beständigen ihrem ehrwürdigen, hochgelahrten, andächtigen Doktor Martin Luther, welchselber sich mit Lesen und Übersetzen der Heiligen Schrift, Predigen und Ausbreitung und Verkündigung des heiligen Evangelii hohe Verdienste vor Gott und den Menschen erworben habe, nunmehro seine Behausung, welche hiervor das Schwarze Kloster genannt, mit seinem Begriff und Umfang, samt Garten und Hof und dem Recht, zu brauen, zu mälzen, zu schenken und Vieh zu halten, zu einem rechten freien Erbe verschrieben und auch Katharina, sein eheliches Weib, und ihrer beider Leibeserben damit begabt und begnadigt werden als ihr Eigen und Gut.

Zum Glück konnte ich diesen Schlangensatz ablesen. Danach mußte ich mir eine lange Gardinenpredigt von Martin anhören und hatte mich zu schämen wegen meiner ewigen Sorgen und Plagen. Er verglich mich mit Martha, die sich auch soviel zu schaffen gemacht hatte, anstatt wie Maria das bessere Teil zu erwählen.

Ich gehe über die vereisten Straßen in die Stadtkirche, die Gedenktafel für das Elisabethchen suchen. Trotz der unwirtlichen Jahreszeit sind Touristen und Schulklassen hier. Eine steht vor der Ostseite des Chors und verdeckt mir den Blick auf die Tafel. Eine Frauenstimme – wo habe ich sie schon einmal gehört? – spricht von den Bilderstürmern, denen sechzehn kostbare Nebenaltäre des 14. und 15. Jahrhunderts zum Opfer gefallen seien, überhaupt sei die üppige Ausstattung dieser Stadtkirche erst nach Luthers Zeit entstanden.

»Ist das nicht die Marienkirche?« fragt eine Männerstimme.

»Gewiß, Sankt Marien wird gemeinhin Stadtkirche genannt. Und wie ich schon sagte, hier befindet sich auch die Grabplatte der Katharina von Bora, der Ehefrau Martin Luthers.«

»Die Bora ist doch in Torgau begraben.«

»Gewiß, aber eine Grabplatte erinnert hier an sie.«

Ich traue meinen Ohren nicht: Unsere Reiseleiterin von dazumal. Die NSW-Betreuerin von damals, die auch Bürger aus nichtsozialistischen Wirtschaftssystemen durch die Deutsche Demokratische Republik führen durfte, führt mich jetzt durch die Predigtkirche Luthers, jenes Mannes, der zu DDR-Zeiten »einer der größten Söhne des deutschen Volkes« wurde, weil er »die erste Phase der frühbürgerlichen Revolution eingeleitet und mit seiner Bibelübersetzung der kämpfenden Klasse eine neue Waffe in die Hand gegeben hat: die einheitliche deutsche Sprache«, jenes Mannes, »der noch zur Zeit seiner absackenden Revolutionskurve ...«.

Heute redet die Reiseleiterin mit anderen Zungen. Es war wohl doch nichts mit der gewaltsamen Erschaffung eines neuen Menschen, der in das so bestechende Marxsche System gepaßt hätte.

»Bitte folgen Sie mir zur Kanzel. Hier, meine Damen und Herren, hat das Wort Geschichte gemacht.«

Hört, hört.

Jemand fragt, ob Luther hier seine erste deutsche Predigt gehalten habe.

»Gewiß.«

»Und hier hat er auch die Beichte abgenommen?«

»Nein, mein Herr, die hatte er abgeschafft.«

»Keineswegs, nur den Zwang zur Beichte.«

»Gewiß, nur den Zwang.«

Die Reiseleiterin – wie war doch gleich ihr Name? – erkennt mich nicht wieder. Wie sollte sie auch nach so vielen Jahren und so vielen Führungen. Aber ich erkenne sie. Ihr Haar ist noch immer brandrot. Vielleicht ist die Farbe echt. Ich bin gemein und lasse sie ins Stottern geraten, indem ich sie vor Elisabeths Tafel bitte, uns die lateinische Schrift zu übersetzen: HIC DORMIT ELISABETH FILIOLA M. LUTHERI. Auch die römischen Zahlen erspare ich ihr nicht. Aber sie hat ja ihr Buch, in dem nun nichts mehr von Werktätigen und absackender Revolutionskurve steht und kein Sterbenswort vom VEB-Stickstoffwerk, dem größten Luftverschmutzer im weiten Umkreis. Wie sie darin blättert, kommt mir ihr Name wieder: Engels, zu allem Überfluß heißt sie auch noch Engels, nein, die Leute reden sie mit Frau Wendland an.

Aber als ich sie auch so anrede und frage, ob sie ihre Reisegruppe noch in andere Lutherstädte führe und ob ich mich da anschließen dürfe, antwortet sie nur, ja gewiß, sie werde die ihr anvertrauten Touristen auch nach Erfurt, Eisleben und auf die Wartburg begleiten, aber anschließen könne sich da niemand, sie habe ihre Vorschriften, überdies seien alle Plätze im Bus besetzt.

Hat sie mich doch erkannt und will nicht daran erinnert werden, wie papageienhaft sie seinerzeit dahergeredet hat? Wie sie streng geheimzuhaltende Formulare über jeden der ihr anvertrauten Bundesbürger ausfüllen mußte und alles, was nicht genehm war, als besondere Vorkommnisse einzutragen hatte, und sei es Fotografieren oder Reisebekanntschaften machen? Jetzt darf sie sogar Dankesgeschenke annehmen und kann nach Paris, Rom, Mallorca, Haiti oder zu den Seychellen reisen, wenn ihr danach zumute ist.

Sie führt uns nahe an den Flügelaltar heran und deutet auf die kleine Quertafel des Unterbaus: »Sehen Sie, da predigt Luther von der Kanzel, ihm gegenüber, nicht leicht zu erkennen, sitzt seine Frau Katharina und hört ihm zu, das Kind, das an ihren Knien lehnt, ist vermutlich der Sohn Hans.«

Mit ihrer geschulten Stimme sagt Frau Engels, die hölzerne Originalkanzel, des Reformators Kanzel also, nehme jetzt einen Ehrenplatz in der Lutherhalle ein, man werde sie noch besichtigen, sie habe der jetzigen Sandsteinkanzel gegenüber gestanden.

Ich dreh mich nach rechts und links, vor und zurück. Luther verwandelt sich in einen jungen Edelmann, dem Kinn- und Backenbart wachsen und dem ein Schwert in der Scheide steckt. Er ist nur halb zu sehen, ein Ritter im halben Mantel aus der Rumpelkammer der Geschichte. Seine besten Freunde erkennen ihn nicht mehr. Wenn die Flügel des Altars sich schließen, sieht man, wie sich einer vom aufgeschichteten Scheiterhaufen erhebt. Das Feuer erlischt. Der Altar schlägt mit den Flügeln. Mir ist schwindelig. Die Kanzel verschiebt sich von einem Pfeiler zum gegenüberliegenden und versteinert. Elisabeths Grabplatte, bevor die eingemeißelte Schrift unlesbar wird, rückt vom Alten Friedhof hierher an die Ostwand des Chores. Wir gehn über Liegefiguren. Stehen auf Inschriften. Ich setze mich auf die vorderste Bank, dahin, wo Katharina immer gesessen hat. Ich habe Fieber, hohes Fieber. Ich will vor dem Sterben fliehn. Ich will auf der Stelle nach Hause. Katharina ist kaum zu erkennen, klein gegenüber dem großen Prediger. Das Kind an ihren Knien kann genausogut der Sohn Martin sein. Frau Engels heißt jetzt Frau Wendland. Ohne mit der Wimper zu zucken, zitiert sie Lessing, den damals unser Lehrer zitierte: »Luther du! Großer verkannter Mann. Von niemandem mehr verkannt als von den kurzsichtigen Starrköpfen, die, deine Pantoffel in der Hand, den von dir gebahnten Weg schreiend, aber gleichgültig daherschlendern.« Vor kurzem hörte man's anders. Frau Wendland sagt: »Er verkündete das Wort in dreckiger Sprache. Bitte drehen Sie sich um. Dort harkt er mit einer großen Harke im Weinberg des Herrn.« Dreh dich nicht um, der Zimmermann aus Saint Louis huscht in Turnschuhen oder Pantoffeln herüber und verschiebt die Kanzel an ihren alten Ort, wo sie hingehört. »To us, Wittenberg is Rome, you see. I am a Martin- and Katharina-Fan.« Die Frauenstimme sagt von weither: »Gewiß, eine Grabplatte erinnert hier an sie. Wenn Sie mir bitte folgen wollen.« Ich habe eiskalte Füße und einen glühenden Kopf, aber ich folge Frau Wendland und drehe mich auf ihr Geheiß um und hebe meine Augen auf zu der Judensau am Südostgiebel, die Frau Engels uns seinerzeit unterschlagen hat. Wir hätten sie auch übersehen, wenn unser Lehrer sie uns nicht gezeigt und dazu gesagt hätte, er wundere sich, daß man das Viech da oben nicht entfernt habe, nachdem dieser beispiellose Genozid der Nazis am jüdischen Volk geschehen sei. Mit Luther habe die Sau übrigens nichts zu tun, sie stamme aus dem zwölften Jahrhundert.

»Zwölftes Jahrhundert«, sagt Frau Wendland. Ihre Stimme ist unbeteiligt wie eh und je. »Also lange vor Luther. Sie finden dasselbe Motiv an vielen Kirchen in Europa. Man wollte mit diesem Spottbild die Juden abschrecken, in die Städte zu kommen.«

Mit dieser Erklärung hätte Frau Wendland ihre Reisegruppe gern abgespeist, aber einige holen sich das fragliche Objekt mit ihren Feldstechern näher heran. Ein Herr mit langem weißen Prophetenbart, der sich schon einige Male zu Wort gemeldet hat, sagt, die Schmähung der Juden sei oft durch die Darstellung des Schweines erfolgt, weil nach 3. Mose 11,7 dieses Tier unrein sei und sein Fleisch nicht gegessen werden dürfe. Unaufgefordert reicht er mir sein Glas. Mit steifgefrorenen Fingern drehe ich an der Justierschraube, bis endlich das Bild scharf zu erkennen ist. Angeflogener Schnee klebt auf dem Rücken der Sau und auf dem Spitzhut des Rabbiners, der ihr in den Hintern schaut. Die Schrift darüber ist nicht zu entziffern. Ein eisiger Wind weht hier an der Südostecke der Kirche. Ich höre meine Zähne klappern. Der Herr, der sich auskennt, bittet uns, zur Seite zu treten, damit die Bodenplatte sichtbar wird, die 1983 hier ins Kopfsteinpflaster eingelassen wurde. Diese Platte versucht zu verdecken, was sich bei Gott nicht verbergen läßt. Aus allen Ritzen und Fugen treten Quetschungen hervor. Wer seinen Fuß dahin setzt, verstärkt die Qualen der Getretenen. Der Herr treibt uns zu einem großen Kreis auseinander, umschreitet die Bronzeplatte, um uns die Schrift vorzulesen: GOTTES EIGENTLICHER NAME / DER GESCHMÄHTE SCHEM HA MPHORAS / DEN DIE JUDEN VOR DEN CHRISTEN / FAST UNSAGBAR HEILIG HIELTEN / STARB IN SECHS MILLIONEN JUDEN / UNTER EINEM KREUZESZEICHEN.

»Da handelte es sich aber um das Hakenkreuz«, rief jemand erbost, »wir wollen die Dinge doch mal auseinanderhalten.«

»Gewiß, das sollte man auseinanderhalten. Wenn Sie mir jetzt doch bitte...«

»They formed an unholy alliance«, das ruft, in unseren Kreis tretend, der Amerikaner aus Saint Louis. Er trägt keine Turnschuhe mehr, sondern braune Cowboystiefel mit Krempen.

Frau Wendland wird gebeten zu übersetzen, doch da kommt ihr der bärtige alte Herr zu Hilfe: »Unser Freund«, so nennt er den Amerikaner, »unser Freund will sagen: Die beiden Kreuze gingen eine unheilige Allianz miteinander ein, weil sich der Nationalsozialismus einige antijudaistische Thesen des alten Luther mit Behagen zunutze gemacht hat. So haben Sie es doch gemeint?«

Der Herr wiederholt in fließendem Englisch, was er gesagt hat, und der Zimmermann aus Mississippi nickt heftig dazu.

»Nach allem, was geschehen ist«, fährt der Bärtige fort, »sollte man Luther Gerechtigkeit widerfahren lassen. Wir mit unseren Höllenerfahrungen im heutigen Europa können ihn nicht als Kronzeugen mißbrauchen. Als junger Mann hat er sich für die Rechte der Juden eingesetzt, hat das Gespräch mit ihnen gesucht und sie umworben, allerdings durchaus in der Hoffnung, daß sie, wie er sagte, wieder zu ihrer Väter Glauben träten. Er konnte und konnte nicht begreifen, daß sie sich nicht als auserwähltes Volk erkannten, aus dem der geweissagte Heiland geboren wurde. Drum hat er als alter Mann gegen sie gewettert und wollte sie zum Teufel jagen, das heißt aus dem Lande vertreiben; in keiner seiner Schriften spricht er aber von der Vernichtung der Juden.«

Frau Wendland ist das Thema nicht geheuer: »Wenn Sie mir bitte zur Schloßkirche folgen wollen. Gleich sehen Sie den runden Turm ...«

Aus bunten Mosaiksteinchen setzen sich flimmernd Worte zusammen. Oben auf der Kuppelhaube liegt Schnee. Die hölzerne Thesentür verbrannte im Siebenjährigen Krieg. In den Zwickeln, so steht in Frau Wendlands Buch geschrieben, waren Frauen mit betend erhobenen Händen angeordnet, unter ihnen vermutlich auch Katharina. Gar fein im Kolorit. Wir stehen vor der Bronzetür mit allen gegossenen Thesen. Der ehrwürdige Vater Martin Luther, Magister der Freien Künste und der heiligen Theologie, holt mit dem Hammer aus. Frau Engels, nein, Frau Wendland sagt: 1983 an Luthers 500. Geburtstag hätten Christen aus vielen Ländern neue Thesen verfaßt: »Wir stehen heute in der Krise des Lebens selbst. Die Sintflut ist herstellbar geworden.« Frau Wendland predigt. Die Hammerschläge dröhnen in meinem Kopf. Über den Türbögen steht die Erneuerungsschrift zu lesen, die behauptet, die Kirche sei nach der Zerstörung durch Kriegsflammen schöner erstanden. Der Herr mit dem Barte stemmt sich gegen die schwere Tür. Sie kreischt in den Angeln. Wenn Sie mir bitte folgen wollen. Luther, zum Standbild gegossen, steht lebensgroß an der Wand mit nach außen gekehrten bronzenen Füßen, ein

Nachguß des Cranachschen Originals, das wiederum steht in Weimar. Vorm Mund der Reiseleiterin, wie war doch ihr Name, steht Weihrauch. Auf bronzenen Kandelabern stehen Kerzen. Ein bronzener Engel hält eine Fackel hoch, gleich wird er singen, bronzene Worte. Die Erkennungsmelodie. Sandsteinerne Kurfürsten knien betend nieder, weise, beständige, großmütige. Wo sind die, bei denen man keine heldenmütigen Tugenden mehr fand, nur unheilbaren Haß, Streit, Geiz und geile Gelüste? Lebensgroß auf Säulen stehen Luthers Freunde vor den Strebepfeilern. Jonas. Melanchthon. Bugenhagen. Spalatin. Amsdorf. Sie treten mit uns zum Grabmal, »schlicht« nennt es der bärtige Herr, mitten in diesem Palazzo protzi. HIER IST BEGRABEN DER LEIB DES DOKTORS DER HEILIGEN THEOLOGIE. Hier stand Katharina und weinte und legte Blumen aus ihrem Garten nieder. Eine Schulklasse tritt kichernd hinzu. Der Lehrer sagt, er wolle Vergangenheit als Grund unserer Gegenwart ausloten. Solche Sätze sagen Lehrer und entziffern die römischen Zahlen: 63 Jahre, 2 Monate, 10 Tage gelebt. Wie viele davon mit Katharina? Ich werde es ausrechnen, wenn es mir wieder bessergeht.

Die Reiseleiterin bittet uns höflich, ihr nunmehr ins Lutherhaus zu folgen. Langsam beginnt es zu schneien, taumelnde Flöckchen zuerst. Die Wittenberger haben ihre Streupflicht vernachlässigt. Woher auch die Asche nehmen. Wir gehen über dünnes Eis. Vorm Katharinentor bleiben wir stehen, ich dicht neben Frau Wendland. Ihre Stimme an meinem Ohr. Sandstein, gewiß, Elbsandstein. Frau Katharina entwarf dieses gehauene Portal, und Luther gab es bei einem Pirnaer Steinmetz in Auftrag, das Beste vom Besten solle seine Frau haben. Unter steinernen Baldachinen sollten zu beiden Seiten Sitznischen sein, an deren unteren Flächen rechts Luthers Rosenwappen, links sein Bildnis. Ein Meisterwerk, wie Sie sehen, diese Frau wußte immer, was sie wollte.

Ich muß mich in eine der Sitznischen setzen, der Sandstein ist Eis. Ich glühe. Ich habe Schüttelfrost. Hier hat Katharina oft gesessen, keine versteinerte Figur, von der Nachwelt als antike Göttin ausgegraben. Für mich jedenfalls ist sie nicht entrückt. Seit sie aus dem Kloster, ich aus den Kulissen geschlichen bin, sitzen wir uns gegenüber.

Die Flocken fallen jetzt dicht und rasch. Unter der Tür kriecht eine Schneewehe hindurch. Die Reisegruppe, die sich Frau Wendland anvertraut hat, betritt unser Haus durch das Katharinenportal. Ein Mensch in braunen Cowboystiefeln drängelt sich zwischen den Leuten an mir vorbei ins Freie, der Bilderstürmer vom Mississippi, das Geistliche Gsangk Buchleyn in den Händen; unter der schwarzen Kutte, die nun auch nicht mehr auf dem Bügel hängt, riesige Späne; er hat den Kastentisch zerlegt, wie er den auf der Wartburg zerlegt hat, Splitter in seinem Auge, Balken in meinem; oder war es umgekehrt? Er holt mit dem Hammer aus, schlägt mit der Schaufel nach, steigt in die Reisekutsche. Vielleicht fährt er nach Halle, um die Lutherpuppe wieder zusammenzusetzen aus der Totenmaske, den Abgüssen der Hände und dem nachgeschneiderten Talar. Er nimmt alles mit, was nicht niet- und nagelfest ist: die Harke, mit der Luther geharkt, die Schneeschaufel von der Wand, für alle Fälle auch aus dem Arzneigärtlein Käthens zu Sträußen gebundene Kräuter, Taubnessel löst manche Verhocktheit, Melisse die Zunge, daß man die Sprache wiedererlangt, Kamille senkt Fieber, und die bittre Alraune, der behaarte Kobold aus dem Garten hinter dem Haus, hilft, wenn gar nichts mehr hilft. Mein liebster Herr Doctor, sagt Katharina, es wird Euch Gott wohlerhalten. Sie schließt mich in ihr Gebet ein. Sie jedenfalls hält hier aus, auch wenn man vor dem Sterben am liebsten fliehen möcht.

Auf meiner winterlichen Wittenbergreise bin ich sehr krank geworden, bin, wie es einst Katharina während der Tischgespräche widerfuhr, schlankweg in Ohnmacht gefallen. Man brachte mich in die städtische Klinik und legte mich dort von einem Dreier- in ein Zweier- und schließlich in ein Einzelzimmer. Bevor man mich hier zurechtbrachte, daß ich alles wieder scharf sehen konnte, befand ich mich eine Zeitlang in einem schönen Schwebezustand. Die Kopf- und Gliederschmerzen waren wie weggeblasen. Verwandte und Freunde besuchten mich, ich wunderte mich nicht darüber, daß sie von weit her angereist kamen. Mein Sohn saß an meinem Bett, und sogar meine Tochter, die schon lange nichts mehr von mir wissen wollte, beugte sich über mich. Sie hielt Christrosen in der Hand und sagte, alles sei gut. Das müsse ich ihr glauben. Mein Sohn traute dem Frieden nicht und hielt mir eine Flaumfeder unter die Nase, um festzustellen, ob ich noch atmete. Die Flaumfeder schwebte langsam empor. Viele Federn hingen zu Sträußen gebunden kopfunter von der Zimmerdecke; trotzdem sah man die Wasserflecken und gelben Risse, aus denen sich Mörtel quetschte. Mit einem nassen Tuch fuhr meine Tochter um die weißen Beine der Tische und Stühle. Gesicht und Hände der Krankenschwester waren schwarz. Sie sagte: »Ich heiße Ngandenda.« Lange versuchte ich diesen unaussprechlichen Namen über die Lippen zu bringen. Aber wenn ich nur »Schwester« sagte, verstand sie mich auch und stellte die Christrosen in eine Vase oder holte mir die Arzneien aus Cranachs Adlerapotheke. Beim Betreten meines Zimmers vergaß sie jedesmal, an ihrem Riechapfel aus Moschus zu riechen. Der Arzt hatte einen weißumwickelten Kopf und ein gefälteltes Loch an der Stelle, wo der Mund sein sollte. Mit erhobener Schwurhand wollte er immerfort den Eid des Hippokrates sprechen, es kamen aber nur unverständliche Worte aus der Mundöffnung. Eine Flaumfeder hielt auch er mir unter die Nase.

Hinterher erzählt er mir lachend, ich hätte ihn mit Dr. Schurff angeredet, wer das denn sei? Ein Kollege, der mich zu Hause behandele?

Hinterher sagt Schwester Ngandenda in fließendem Deutsch: »Sie haben stundenlang meinen Namen geübt, zu komisch war das. Und einmal, als es Ihnen schon besserging, habe ich Sie auf den Stuhl gesetzt, um Ihr Bett zu beziehen, wissen Sie, was Sie da gemacht haben? Da haben Sie sich zwei Zöpfe geflochten, die gar nicht da waren. Zum Totlachen!«

Hinterher, das heißt nachdem Schwindel und Sehstörungen nachgelassen haben, lachen wir alle sehr viel, ein Lachapplaus für meine Genesung. Mit der Zeit wird mir bewußt, daß zwar mein Sohn, aber keineswegs meine Tochter hier gewesen ist. Christrosen allerdings stehen tatsächlich auf meinem Nachttisch. Der alte Bibliothekar aus dem Lutherarchiv pflückt sie mir in Katharinas Garten, weil ich ihn, wie er dazu schreibt, so in Atem halte mit meinen Nachforschungen. An der Zimmerdecke sind keine Wasserflecken und Risse, der Arzt hat keinen umwickelten Schädel, Schwester Ngandenda hingegen ist wirklich dunkelhäutig. Wenn ich den Kopf nach rechts drehe, sehe ich ein Fenster. Schon der Spur eines Regentropfens auf der Scheibe zu folgen, strengt meine Augen an. In die unteren Teile des Fensters schiebt sich ein kahler Baum voller schwarzglänzender Raben, darüber in einem der Himmelsquadrate geht pünktlich der Abendstern auf, oder ist es ein Satellit? Je länger ich hinschaue, um so strahlender führt er sich auf. Meine Augen tun mir weh. Kein Gliederreißen, keine Kopfschmerzen mehr, aber die Augen tun mir weh.

Der Arzt setzt sich an mein Bett, um ein ernstes Wort mit mir zu reden. Zuerst spricht er von einem grippalen Infekt. Ihm seien eine ganze Reihe von Grippefällen bekanntgeworden; eine Epidemie würde er das aber nicht nennen: »In Ihrem Fall haben die Influenzaviren zu einer Kopfgrippe geführt. Wir haben Glück gehabt. Sie sind zwar über den Berg, doch bis zur völligen Genesung brauchen Sie noch viel Geduld. Das wollte ich Ihnen doch sagen.«

»Sie schenken mir also reinen Wein ein?«

»Ich halte das für besser, als drumherum zu reden.«

»Besser, den Patienten heilsam erschrecken, als ungewiß vertrösten.«

»Ist das von Ihnen?«

»Von Paracelsus.«

»So, so, hat das schon Paracelsus gesagt? Unsere Altvorderen waren so rückständig nicht.«

An eine Entlassung ist also noch lange nicht zu denken. Es besteht auch kein Grund, mich in die Klinik einer anderen Stadt verlegen zu lassen. Man verspricht mir, daß ich mein Einzelzimmer behalten kann. Wittenberg ist mir gerade recht, auch wenn ich jetzt nichts davon sehe als ein Baumskelett mit rabenschwarzen Raben. Die hokken da und sehn verzaubert aus. Könnte ich ihnen genähte Hemden überwerfen, sie würden sich in sieben Brüder verwandeln. Ich frage Schwester Ngandenda, ob sie das Märchen von den sieben Raben kenne? Klar, das kennt sie, hat sie doch in der ehemaligen DDR in einem Kindergarten gearbeitet.

»Und Katharina von Bora? Kennen Sie die?«

»Wer soll das gewesen sein? Lebt die noch?«

»Sie war Luthers Frau. Den kennen Sie doch?«

Ngandenda war fast beleidigt. Hier in Wittenberg arbeiten und nichts von Luther gehört haben! Aber, um ehrlich zu sein, wissen tue sie so gut wie nichts von ihm, außer daß er das Vaterunser gedichtet habe und noch so ein paar Sachen.

Leider ermüden meine Augen so rasch, daß ich kaum lesen kann. Schon nach wenigen Minuten beginnen die Buchstaben zu schwanken und zu verschwimmen, als sinke mein Buch unter Wasser. Tags lache ich mit, wenn es etwas zu lachen gibt; nachts weine ich manchmal wie Alice im Wunderland einen ganzen See Tränen und ertrinke fast darin. »Ich habe dein Gebet gehört und deine Tränen gesehen. Siehe, ich will dich gesund machen«, schrieb mir der Archivar aus dem Lutherhaus in schöner Kunstschrift, und in kleinerer Schreibschrift darunter: »2. Könige 20,5.« Luther hat Krankheit die gnädige Rute genannt. Ich würde gerne nachschlagen, in welchem Zusammenhang er das schrieb, aber meine Augen müssen geschont werden. Zu meinem Leidwesen kann ich auch keine Musik hören. Die meisten Besucher haben mir Kassetten mitgebracht: italienische Madrigale, Kantaten, Solopartien aus Oratorien, Lutherlieder auch, begleitet von Pfeifen und Schalmeien. Die Stimme unseres Engels singt Opernarien. Mein Sohn hat mir zum Kassettenrecorder einen Kopfhörer mitgebracht. Wenn aber die beiden schwarzen Hörkapseln auf meinen Ohren sitzen, gerate ich in Panik. Nichts darf meinen Kopf berühren, nicht einmal ein Handtuch.

Meine Pest heißt Kopfgrippe. Man ist doch den Erregern durch Viruszüchtungen und Serumuntersuchungen auf die Schliche gekommen. »Aber wenn man's einmal im Blut hat«, sagt Schwester Ngandenda und zuckt mit den Schultern, »die Ärzte tun ja, was in ihrer Macht steht.«

Ich bin um den Ernstfall noch einmal herumgekommen. Um das Stündlein. Erst jetzt auf dem Weg zur Genesung wundere ich mich, daß ich nicht einmal Angst gehabt habe; selbst das wäre über meine Kraft gegangen.

Um mir die Zeit zu vertreiben, blättere ich in meinem Skizzenblock. Ich setze meiner gezeichneten Katharina eine Brille auf die schräggeschnittenen Augen, kritzele ihr einen Schnurrbart unter die Nase oder lasse sie die Zunge rausstrecken. Ich zeichne ihr ovales Gesicht mit schwankenden Augen, pendelnder Nase und mit einem Doppelprofil. Aber es hilft alles nichts, sie läßt sich nicht verunglimpfen und einschüchtern durch Ohrenbläser und Ehrabschneider, ja sie kann sogar darüber lachen, daß sie in anderer Leut Mäuler geraten ist.

Meine Kassetten kann ich ohne Kopfhörer abhören. In Nimbschen und auf der Pilgerfahrt zu den Lutherdenkmälern habe ich Stichworte darauf gesprochen:

In diesen Ruinen muß doch irgendeine Gedenktafel sein, eine Inschrift.

Hat ein Beichtvater die verbotene Lektüre unter der Kutte versteckt?

Kann man sagen: aus ihrer Verankerung gerissen? Kann man sagen: wortbrüchig um des Wortes willen?

Hier finde ich den Anfang des roten Fadens, der ihre Lebensgeschichte durchzieht.

Ein Jammer, daß der Brandbrief an Luther verlorengegangen ist. Hat Katharina ihn geschrieben?

Immer nur Luther. Steht da und kann nicht anders. Eisleben. Sockelrelief. Luthers gegossene Hände auf den Saiten der Laute. Seine Reisekutsche, feudal, mit Samttroddeln, aber ungefedert. Halle Marktkirche. Lutherpuppe. Wieder in ihre Teile zerlegt. Luther. Luther. Und Katharina?

Ich höre nicht nur meine Stimme. In den Satzpausen singen die Vögel, angeführt vom Geigenstrich der Grillen. Das harte Papier des Lageplans raschelt. Mein Feuerzeug klickt, und mein Atem stößt den Rauch aus. Ich brauche keinen Hörtest mehr machen zu lassen.

Ich spreche wieder auf Band, was mir zu Katharina einfällt. Es sind mehr Fragen als Antworten. Antworten gibt mir Luther, überschwengliche zuerst. Wie sie war, seine Kathena? Holdselig war sie, sein Liebchen, sein Morgenstern. Seine Liebe versicherte er ihr in jedem seiner Briefe. *Du liebe Frau, meine herzliche Käthe, mein Liebchen,* redete er sie an und unterschrieb: *Dein Herzliebchen Martinus Luther* oder *Dein altes Liebchen* oder schelmisch *Euer Heiligkeit williger Diener.* Nur siebzehn Briefe an seine Frau haben die Zeiten überdauert, geschrieben in der kleinen, geduldigen Handschrift, die überrascht und die sich gleichblieb in der Fieberkurve seines Lebens. Für jeden Brief mußte ein Bote gefunden werden. Das Postwesen in den deutschen Ländern lag noch im argen, nur Herzöge und Fürsten, Kaufleute und Klöster hatten ihre laufenden oder reitenden Boten. Alle anderen Leute mußten zusehen, wie ein Brief ans Ziel kam. *Der Bote lief eilend vorüber, daß ich nicht mehr schreiben konnt. Der Bote wartet schon ungeduldig, da ließ ich ihn aufhalten. Als ich den Brief zugemacht hatte, fand sich ein Bote. Kann man ihm trauen? Schon wurde für mich ein Bote gesucht, der dieses Schreiben zu Dir bringt.*

Immer wieder ist in Luthers Briefen von den Boten die Rede. Wie wird Katharina auf jedes Lebenszeichen gewartet haben. Wenn Martin unterwegs war, hatte sie Angst um ihn. Was konnte ihm alles zustoßen. Sie kannte seine Furchtlosigkeit und Unvorsichtigkeit. In ihrer Vorstellung bildeten seine Feinde Spalier an seinen Wegen, um ihm aufzulauern. Hundert Jahre später malt Vermeer die brieflesende Frau am Fenster und lenkt das Licht, wie es noch keinem vor ihm gelungen ist. Als habe Katharina nicht nur Cranach, sondern auch dem Holländer Modell gestanden, sehe ich sie ans Fenster treten und einen Brief öffnen: *Gnade und Friede in Christo, liebe Käthe, ich habe, denke ich, alle Deine Briefe empfangen, so ist dies der vierte Brief, den ich schreibe ...* Und zum Schluß: *Eilend, der Bote wollte nicht warten. Grüße, küsse, herze und sei freundlich zu allen ... Am Pfingsttag früh 1530.*

Meine Fahndung nach der Lutherin wäre leichter, wenn auch ihre Briefe auf uns überkommen wären. Vielleicht ließe sich daraus ablesen, wie aus der holdseligen Katharine Käthe wurde, die immer wieder ins Kindbett kam und sich abschuftete, damit jeder zu beißen und zu brocken hatte in diesem Haus, in dem es ein und aus ging wie in einem Taubenschlag? Wie wurde sie, als *die erste fruchtbare Lieb ausgeschlafen war, von der wir geblendet werden, daß wir dahergehn wie die Trunkenen*? Kam dann nach kurzer Freud die lange Unlust, nichts als Jammern und Schelten und graue Gewohnheit?

Luther hat den Ehestand ausgiebig beschrieben, über den doch alle Welt spotte, sonderlich die Männer, die vorher sich schadlos gehalten, sich dabei aber mehr eingetobt als ausgetobt hätten und nun ihren Weibern anlasteten, daß sie an die Leine gelegt würden und daß es nach Windeln stinke. Ach, daß der edle Stand so selten gerate!

Wie sah der edle Stand alsbald für Käthe aus? Sie hatte einen Zwölfstundentag, und jeder Tag hatte seine eigene Plage. Sehnte sie sich da manchmal ins Kloster zurück? Die Vögel unter dem Himmel, die brauchten freilich nicht zu säen und zu ernten und nicht in die Scheuern zu sammeln; der himmlische Vater ernährte sie doch. Und die Lilien auf dem Felde brauchten auch nicht zu arbeiten und zu spinnen, selbst Salomon in seiner Herrlichkeit war nicht so schön bekleidet wie derselben eine. Was Käthe war, die mußte sich tummeln, wenn wieder mal entlaufene Nonnen mit dem Nötigsten zu versorgen waren oder wenn Doktorschmäuse ausgerichtet werden mußten. Ganz zu schweigen von den Bedürfnissen der wachsenden Kinderschar und deren Hauslehrer.

Also erwarb Käthe Grundstücke und legte noch einen Garten an und noch einen und pflanzte Bäume, von denen bald gut essen sein würde. Im eigenen Teich zog sie Forellen und Karpfen und triumphierte über jeden Fang, als habe sie wunder was für einen Fischzug getan. Sie kredenzte selbstgebrautes Bier und Wein aus dem eigenen Weinberg. Da konnte Luther sich ereifern, soviel er wollte. Er mußte Käthens Betriebsamkeit mitansehen. Mit allem müsse er aber auch Geduld haben, stöhnte er, mit dem Papst, mit den Schwärmern, den Fürsten und Edelleuten, am allermeisten aber mit seiner Katharina von Bora. Die ließ sogar Steine die Elbe hinabkommen und eine Badstube einbauen, acht Ellen im Geviert und fünfeinhalb Ellen in der Höhe. Die bestellte feinste Chemnitzer Leinwand, als sei sie nun wirklich die Kaiserin, als die sie auf ihrer Hochzeit gepriesen worden war.

Daß aus ihr alles andre als seine Rippe geworden war! Die Saumärktin machte Martinus zu schaffen, die Unternehmerin. Die erwarb eines Tages das Gut Zülsdorf, das einmal den Boras gehört hatte, und brachte das verkommene Anwesen wieder zur Blüte, daß es in guten Erntejahren eine Menge abwarf. Der *reichen Frau zu Zülsdorf, meinem Liebchen zuhanden*, lautet die Anrede in einem der Briefe, die Luther an seine Frau schrieb. Er selbst wollte keine Schätze auf Erden sammeln, die doch von Motten und Rost gefressen und von Dieben ausgegraben werden.

Käthe mußte sich immer wieder verteidigen und ihn daran erinnern, daß er es war, der die vielen Gäste ins Haus zog, dazu die Studenten und die Kinder seiner verstorbenen Geschwister. Er sei der Gesellige. Wenn er aus seiner Turmstube herunterkam, wollte er die Verwandten und Freunde um sich haben, das bewahre ihn vor schwarzem Trübsinn. Und er wolle auch gut essen und trinken. Nur woher die guten Gaben kommen, danach frage er nicht.

Käthe fuhr ihrem Martin manches Mal übers Maul, wenn er sie nicht schalten und walten ließ. Stehe nicht auch geschrieben, man solle sein Licht nicht unter den

Scheffel, sondern auf einen Leuchter stellen, daß die Leute durchaus die guten Werke sehen könnten? Sei er, Martinus, nicht der Nutznießer ihrer Geschäftigkeit?

Ja. Ja. Aber mitreißen ließ er sich nicht von Herrn Käthe. Er verzog sich in seinen Turm, der längst keine schwachbeleuchtete feuchte Höhle mehr war. Den schönen Ausblick auf die Elbe hatte er Käthen zu danken, den Kachelofen, die getäfelten Wände, auch wenn von denen kaum etwas zu sehen war vor hochgetürmtem Papier. Martinus übersetzte die Propheten ins Deutsche. Er mußte täglich zehn bis zwölf Briefe beantworten. Seiner sterbenden Mutter schrieb er: *Siehe, liebe Seele, was tust du? Liebe Sünde, was lebst du und erschreckst mich? Weißt du nicht, daß du überwunden und du, Tod, gar tot bist?* Er verfaßte die »Vermahnung der Geistlichen, versammelt auf dem Reichstag zu Augsburg«. Er griff in das Räderwerk der Geschichte. Das Land Württemberg führte die Reformation ein. Im Nürnberger Anstand wurde den Protestanten freie Religionsausübung zugestanden. Die englische Kirche trennte sich von Rom. Das war mehr, als er erhofft hatte. Bisweilen geschahen Wunder. Manchmal sagte er zum Berg: »Rücke von hier nach dort!« Und der Berg bewegte sich.

Seine Gedanken hatten nicht nur Flügel, sondern auch Hände und Füße. Aber die Riesenkräfte verließen den Mann in der Turmstube oft, die Hoffnung, der unangefochtene Glaube, dieser Endkristall, den es nicht gibt. Er schätzte sich selbst nicht so ein, daß er ihn schon ergriffen habe, er jagte aber nach dem vorgesteckten Ziel, dem Kleinod. Da war keine Unschuld der klaren Fronten: hie Gut, hie Böse, hie Gott, hie Teufel. Was blieb, war das »Siehe« der Schrift, das »Ich aber sage euch«.

Soviel Kleinmütigkeit bei so hellem Licht des Evangeliums, notierte Luther. Über keinen Zweifel erhaben, hat er solche Sätze immer auch an sich selbst geschrieben aus seinem Reich der Vögel um drei Uhr nachts. Schwerer als seine Tagkriege waren seine Nachtkriege, wenn es totenstill war im Haus. Käthe hatte sich längst schlafengelegt, erschlagen von ihrer Arbeit. Die Kinder schlummerten. Wer gerade Gast im Haus war, lag unter wollenen Dekken, die mit Chemnitzer Leinen bezogen waren. Das Gesinde schlief in den Kammern, Katz und Hund in der Küche.

Der Arzt zeigt sich hocherfreut, als ich ihn zum ersten Mal in seinem Kliniksprechzimmer aufsuche. Auf seinem Schreibtisch steht das vergrößerte Modell eines menschlichen Herzens mit allen Arterien, die nach außen führen und da wie abgeschnitten enden.

»Meine Augen sind wieder in Ordnung«, sage ich, »jedenfalls einigermaßen.«

»Na bravo. Jetzt sind Sie über den Berg. Noch zwei, drei Wochen, und wir können Sie hier entlassen. Bei schönem Wetter sollten Sie jeden Tag kleine Spaziergänge machen.«

Ich gehe nicht mehr als Touristin durch Wittenbergs Straßen, ich bin längst auf alten Wegen heimisch geworden. Im Schaufenster einer Buchhandlung liegen Bibeln und Gesangbücher als Konfirmationsgeschenke aus. Auf einem Schild steht zu lesen, daß die Bibel immer noch das meistübersetzte Buch der Weltliteratur sei vor Agatha Christie und Mickey-Mouse.

Es ist Ende März, Anfang April. Ich gehe an die Elbe.

Ein Mann steht am Ufer und angelt. Den ersten Fisch, der angebissen hat, wirft er ins Wasser zurück, auch den nächsten und übernächsten. Die Elbe, man weiß es, ist so sauerstoffarm und biologisch degeneriert, daß die Chemikalienbelastung die Fische ungenießbar macht. Viele Arten sind schon ganz verschwunden. In den Zuflüssen Saale und Mulde sollen die Zustände noch katastrophaler sein.

In einem lichten Gehölz setze ich mich auf eine Bank. Mir zu Füßen blühn Anemonen und Leberblümchen. Auf dem Kiesboden kriechen Moose, gezahnte, gedrehte, gefiederte. Ich kann sie genau voneinander unterscheiden. Es riecht nach Nelken; der Duft kommt aber aus den giftigen Blüten des Seidelbasts. Die Uferschwalben bauen ihre Nester im Lehmufer und schießen samt ihrer gebrochenen Spiegelbilder niedrig über das Wasser. Die weitgereisten Schwäne rudern zwischen Weiden und Erlen. Auf den Schotterinseln stolziert wiehernd der Schwarzspecht umher und verliert oft das Gleichgewicht, weil sein Kopf so schwer und sein Hals so dünn ist. Ich sehe es aus mindestens dreißig Meter Entfernung. Es ist, als beginne mein Herz nach langem Stillstand wieder zu schlagen. Die Kiebitze jauchzen und taumeln im Balzflug. Ein Falke rüttelt in der Luft, als wolle er sich ausschütten vor Lebenslust. Der Regenpfeifer flötet sein melodisches Tuitui. Ein Frachtschiff fährt vorbei, so lang und breit, daß es Dutzende Katharinenportale aus dem Elbsandsteingebirge transportieren könnte.

Die kalten Kirchen betrete ich noch nicht wieder, wohl aber das Lutherhaus. Dort läuft mir eine junge Frau über den Weg, die zwar nicht wie der Zimmermann aus Saint Louis die Räume ausmißt, die aber hin und her geht und dabei leise in ihr Diktiergerät spricht. »Feuer« höre ich immer wieder, »Feuer«. Sie arbeite über das Element des Feuers im Bürgerhaushalt der frühen Neuzeit, erklärt sie mir auf meine Frage. Auf einem interdisziplinären Symposion werde sie da speziell über das Lutherhaus referieren und dabei das Wohnungs- und Nachlaßinventar als Quelle heranziehen und überdies ausführlich auf Kinder- und Krankenpflege eingehen.

»Wußten Sie«, fragt sie mich im strengen Verhörton, »daß Katharina Luther hier Öfen setzte und eine Badstube einbauen ließ?«

Ich schüttele den Kopf und gebe mich ahnungslos, weil ich mehr vom Element des Feuers in diesem Haus hören möchte. Die wohlinformierte Dame belehrt mich denn auch über die historische Familienforschung am Übergang vom Mittelalter zur Neuzeit. Die Lutherfamilie biete ein ideales Beispiel für eine Haushaltung zwischen Tradition und Moderne. Allerdings könne die sozial orientierte Geschichtswissenschaft die Abbildungen von Familienszenen nur bedingt als realistische Wiedergaben werten; sie müsse ihren allegorischen Wert und ihre Tendenz zum Idealtypischen entschlüsseln. Es gehöre sehr viel Sachkenntnis dazu, ein Bild als historische Quelle zu lesen. Aber wenn es mich interessiere, könne sie mir anhand von Historienbildern, mehr aber noch von erhaltenen Rechnungen, belegen, ab wann die Luthers als wohlhabend zu bezeichnen seien; da nämlich tauche so manche prestigeträchtige Ware auf, Spezereien und Gewürze zum Beispiel, feine Stoffe, teure Ofenkacheln und dicht gesinterte Steine zum Einbau der Badstube. Die Forschung konnte ermitteln, daß Katharina Luther eigens Fliesen aus den Niederlanden kommen ließ.

Da hast du's, Herr Käthe! Noch nach viereinhalbhundert Jahren wird deine Tüchtigkeit auf einem interdisziplinären Symposion abgehandelt. Prestigeträchtige Waren hast du von Gott weiß woher kommen lassen, auch wenn Martin sich darüber aufgeregt hat.

Ich erzähle der jungen Wissenschaftlerin, wie wenig Unterstützung Frau Luther für ihre Hausrenovierung bei ihrem Mann gefunden habe; dem hätte es nichts ausgemacht, hier weiterhin wie ein Mönch zu leben. Ihr Herumwirtschaften sei ihm ein Greuel gewesen.

Aber das interessiert die Dame weniger. Sie doziert über Käthens Küchenherd, über Rauchkanal, Feuerbock, Kesselhaken und Brennholzlagerung und über die unverzichtbaren Wärmequellen in den Kranken- und Wochenstuben. Nur wenn sie aufs Feuer zu sprechen kommt, erwärmt sie sich. Sie zeigt mir Kopien alter, von Katharina beglichener Kämmereirechnungen über feuerfeste Baustoffe. Sie legt mir Abbildungen flacher Holzwannen vor, wie sie auch auf vielen Altarbildern zu finden sind, die Christi Geburt darstellen. Solche Wannen habe man auch im Hause Luther benutzt, um die Neugeborenen und Kleinkinder zu baden. Nach dem Bade habe man vorgewärmte Tücher bereitgehalten. Nichts sei hier ohne das Feuer gegangen. Meine neue Bekannte brennt vor Begeisterung und heizt dem alten Gemäuer ein. Aber daß Käthens hier geborene Kinder Johannes, Elisabeth, Magdalena, Martin, Paul und Margarethe hießen und daß zwei Töchter wieder gestorben sind, ist ihr einerlei. Um nichts als das Feuer geht es ihr, um dessen Glut, sagt sie, schon Zeus die Menschen beneidete.

Die feurige Dame heißt Frau Doktor Masche (nicht Asche). Ich sage ihr meinen Namen und will mich verabschieden, aber Frau Masche möchte mich unbedingt nach Hause begleiten. Leichtsinnigerweise erzähle ich ihr, daß ich einstweilen noch im städtischen Krankenhaus wohne. Das hätte ich besser nicht sagen sollen, denn nun sucht mich Frau Dr. Masche regelmäßig in den Abendstunden heim. Wie Prometheus trägt sie triumphierend ihre Feuerfackel in der Hand, läßt sich in meinem weißen Zimmer nieder und redet vom Urelement Feuer, von der Seele als Feuer, vom vernünftigen Feuer Heraklits und übergangslos von den offenen Feuerstellen im Bürgerhaushalt der frühen Neuzeit. Sie strahlt, als sie hört, wem ich auf der Spur bin:

»Katharina von Bora? Warum haben Sie das nicht gleich gesagt? Da tun Sie erst so unbedarft.«

Es folgt noch einmal die Geschichte der Ofensetzungen und Kanzleirechnungen. Für Frau Masche ist Katharina der Prototyp der Unternehmerin. Wenn sie mich hin und wieder zu Wort kommen läßt, versuche ich, ihr etwas über die junge Nonne in Nimbschen zu erzählen. Frau Masche hört es sich höflich an; aufmerksam zeigt sie sich nur bei meiner Schilderung der Klosterruine, wo ich in der ehemaligen Küche auf dem Spülstein gesessen habe. Falls da noch eine Herdstelle zu finden sei, würde sie glatt hinfahren. Mit Klöstern allerdings befasse sie sich weniger, sie sei mehr auf Bürgerhaushalte aus. Sie sagt, dafür, daß diese von Bora aus einer besitzenden Klasse hervorgegangen sei, habe sie an der Seite des Revolutionärs Luther ein erstaunliches Verständnis für die soziale Not und Ausbeutung des vierten Standes entwikkelt. Wenn Zuhören ihre Stärke wäre, würde ich Frau Masche von unserer Reiseleiterin berichten, die uns noch zu DDR-Zeiten durch Wittenberg geführt hat. Aber ich möchte meine Ruhe haben und schicke Frau Masche mit einem Paperbackband fort: Luthers Briefe an seine Freunde und seine Familie. Schon am nächsten Tag gibt mir meine Besucherin das Buch mit der Bemerkung zurück, sie habe sich nur diejenigen Seiten herauskopiert, die als historische Quelle im Hinblick auf ihre Arbeit wichtig seien.

»Wissen Sie, ich lese das eben mit anderen Augen. Wie da alles und jedes dem lieben Gott untergejubelt wird, also das ist mir denn doch zuviel. Das war eben der Jargon der Zeit. Oder sollten diese Leute ihr Leben wirklich unter so hohen Anspruch gestellt haben? Dann können sie mir heute leid tun. Der Luther hat ja noch dem leibhaftigen Teufel die Kehrseite zugedreht. Das liest sich doch, als müsse man eine Keilschrift entziffern. Bitte verschonen Sie mich.«

Im übrigen hat die Lektüre Frau Dr. Masche bestätigt, daß Käthe Luther eine Ausnahme unter den Frauen ihrer Zeit war, jedenfalls hinsichtlich ihrer Aktivitäten. Hut ab, was sie da geleistet hat. Die Frau war nicht nur brav und hausbacken. Heutzutage hätte sie Karriere gemacht und hätte sich das Genörgele ihres Mannes nicht mitangehört. Aber trotz ihres sozialpolitischen Engagements während der Pestzeit oder als Gastgeberin konnte sie keine Breitenwirkung erzielen und hatte in der Öffentlichkeit nichts zu sagen. Sie blieb eben doch nur die Frau an der Seite ihres Mannes, basta, keine nachgiebige, zugegeben, aber eine Freiheitsstatue ist auch nicht aus ihr zu machen. Dieses Eingekeiltsein in ständische Ordnungen, also, Frau Masche schüttelt sich und sagt, bei Licht betrachtet sei diese Katharina doch bloß die Rippe ihres Mannes gewesen. Habe nachbeten müssen, was er vorgebetet habe. Das könne man in diesem Fall ganz wörtlich sagen, Ora reime sich schließlich auf Bora. Die Feuerforscherin räuchert mein Zimmer aus. Rigoros vertreibt sie alles, was nach Katharina der Nonne und Katharina der Lutherin riechen könnte.

Ich begleite meine Besucherin bis vor die Pforte der Klinik. Sie verabschiedet sich wortreich und geht, noch immer redend, ein paar Schritte rückwärts. Weil sie sich vor der untergehenden Sonne bewegt, legt sich ein goldener Schein um ihren Körper; es sieht aus, als werde sie wirklich gleich in Flammen stehen. Glühend regt sie sich noch über diese Kinderkriegerei in früheren Jahrhunderten auf. Also, sie müsse schon sagen: »Haben Sie nachgerechnet? Neun Monate nach dem Tod der einen Tochter bekam Frau Luther schon wieder die nächste.«

Magdalene. Lenchen. Das Leniken. Ihrer Mutter wie aus dem Gesicht geschnitten. Übermütig schrieb Luther an Margarete Göritz nach Leipzig, Gott habe ihm aus seinem und seiner lieben Käthe Leibe eine junge Heidin beschert; nun solle sie getauft werden; er bitte Frau Göritz zur Patin und geistigen Mutter.

Für Cranachs schmalschultriges Mädchenbildnis scheint das Schulmaidlein Katharina von Bora in Mariathron Modell gesessen zu haben, die Augen noch nicht ganz so schräg, der Mund in dem Porzellangesicht ist Käthens Mund, auf dem offenen rötlichen Haar spielt das Licht. Obwohl das Mädchen wie die junge Katharina aussieht, wird heute angezweifelt, ob das Kinderportrait die Luthertochter Magdalene zeigt. Wenn sie es aber ist, muß sie kurz vor ihrem Tode gemalt worden sein.

Von ihrem Leben wissen wir wenig. War es für Käthe die wiedergeborene Elisabeth? Nur neun Monate lagen zwischen dem Tod der einen und der Geburt der anderen Tochter. War dieses Kind unter den sechsen der Liebling des Vaters?

In einem Brief aus Coburg vom 5. Juni 1530 bedankt sich Luther bei Käthe für *Lenchens Konterfei in der Schachtel.* Hatte Cranach schon die Einjährige gezeichnet? Martin rät seiner Frau, das Kindchen nun zu entwöhnen, aber ganz allmählich, so daß sie ihm zunächst erst zweimal, dann nur noch einmal täglich die Brust reiche, bis sie es ganz abgestillt habe.

Uns Nachgeborenen präsentiert sich das Ehepaar Luther mit seinen Kindern und Ziehkindern auf unzähligen Bildern und Stichen als Inbegriff einer Familie ohne Fehl und Tadel. Der Hausvater greift in die Saiten seiner Laute c c c g und singt sein selbstgedichtetes Lied. Die Kinder reißen die Münder auf. Frau Käthe hat das Jüngste auf dem Schoß. In den Kachelmulden des grünen Ofens streichen sich die Evangelisten die Bärte. Von der Decke schauen aus bunten Blumenkränzen Engel auf die unausstaffierte Wohnung.

Im September 1542 schickte Luther einen Eilboten nach Torgau zu dem Schulrektor Markus Crodel. In dessen Lehranstalt, einer der besten des Landes, hatte er seinen Sohn Johannes gegeben, um ihn in Musik, Latein und Grammatik unterrichten zu lassen und notabene in guten Sitten. Der Erstgeborene, bei seiner Geburt so jubelnd begrüßt, war das Sorgenkind der Eltern geworden. »Aus der Art geschlagen« nannte Luther seinen

Sprößling später; durch schlechte Vorbilder lasse der Bub sich von seinem Weg abbringen und gerate leicht in unehrenhafte Gesellschaft. Nur ein Schulmeister von der Gewissenhaftigkeit Crodels könne dem Einhalt gebieten. Auch Käthe mache sich große Sorgen um ihren Sohn.

Dieser aus der Art geschlagene Lausbub wurde dringlich nach Wittenberg zurückgerufen, als seine Schwester Magdalene schwer erkrankte. *Sie sehnt sich so danach, ihren Bruder zu sehen, daß ich einen Wagen schicken muß. Sie haben einander sehr lieb gehabt,* so Luther an Crodel. *Laß ihn also mit dem Wagen hierher fliegen, aber verschweige ihm den Grund ... vielleicht kann Lenchen sich durch seine Ankunft wieder erholen ...*

Lenchen aber starb. Wir wissen nicht, welche Krankheit der Vierzehnjährigen den Tod brachte. Käthens Salben und Säfte, Kräuterumschläge und Räucherwerk und alle Heiltümer der Muhme Lene konnten das Leiden des Kindes nur noch erleichtern. *Die Macht der Liebe aber ist so groß, daß wir es ohne Schluchzen und Wehklagen, ja ohne großes Absterben nicht ertragen können.* Aus den Briefen und Tischreden dieser Wochen zwischen Hoffen und Bangen spricht ein Luther, der sich nicht abfinden kann mit dem Leiden *des sanften freundlichen Wesens, das allen so lieb war.* Der Schmerz ließ ihn so elend werden, daß er nicht aus noch ein wußte, *denn tief im Herzen haftet der Blick, die Worte und Gebärden der lebenden und sterbenden Tochter.* In seinen, nicht in Käthens Armen starb Lenchen, denn *Käthe war in derselben Kammer, doch weiter vom Bette um der Traurigkeit willen.*

Sage mir keiner, sie sei zu entrückt, die Bora, die Lutherin. Weiter vom Bette um der Traurigkeit willen tritt sie aus der Zeit hinaus, weint und heult oder erstarrt zu der Pieta auf dem Sockelrelief in Eisenach. Martins Trostversuche erreichten sie nicht; er konnte sich ja selber nicht trösten und tat's doch, so gut er konnte, mit diesem unglaublichen Worttausch von sterben in wiedergeboren, von Totsein in mehr als verschieden, von Sarg in Wiege. Er wünschte sich eine Zunge, wie Jünger sie haben, um aussprechen zu können, daß wir des ewigen Lebens aufs allergewisseste seien, denn Gott könne nicht lügen. Er tröstete sich mit David, dem wunderauserwählten Manne, der so wüst gerollt worden ist; mit Hiob selbstredend, der werde noch ohne sein Fleisch Gott schauen, wenn seine Haut auch zerschlagen sei. Aber Martin stand hier nicht auf der Kanzel, *er fiel auf seine Knie und weinte bitterlich*. Die Gabe der Tränen und die Kunst des Niederkniens, diese beiden großen Tugenden des Mittelalters, waren ihm wohlvertraut. Und Käthe? War sie nur eine kleine Weile traurig, um sich danach an die Worte zu klammern, die ihr Fürsprecher und Nothelfer fand?

Von keinem anderen Ereignis in der Lutherfamilie wird so ausführlich berichtet wie vom Tod dieses Kindes, *der geschah ein wenig nach neun Horen am Mittwoch des 17. Sonntag nach Trinitatis anno 1542*. Der Tischler hatte den Sarg zu eng und zu kurz gemacht, das Bettlein zu klein. Die Füße des Mädchens wurden nicht mit dem Leichentuch zusammengebunden. In diesem Hause fürchtete man keineswegs, daß die Tote herumspuken könnte. Die Sterbeglocke läutete. Die Wittenberger kamen zu dem Begräbnis und sahen, wie auch Luther sich seiner Tränen nicht schämte. Was er sprach, wurde auch da von einem der Trauergäste aufgezeichnet: Er sehe die Beispiele eines freudigen Sterbens nicht gerne. Er wisse, daß die Entschlafene im Frieden und ihr wohl ist, und sei dennoch zu Tode betrübt.

Philippus Melanchthon berichtet von einem Traum, den Doctor Martini Luthers Frau in der Nacht vor dem Sterben ihrer Tochter gehabt und ihm erzählt habe: Zween schöne, junge, wohlgeschmückte Gesellen seien erschienen, um das Mädchen zu ihrer Hochzeit zu führen.

Käthens Träume. Käthens Tränen. Ihr vor Trauer verschnürtes Herz. Das Leniken war durch kein neues Kind zu ersetzen.

Wir wissen nicht, ob es für die Geschwister einfach war, die Lutherkinder zu sein. Lag eine zu hohe Erwartung auf ihnen? Mußten sie antreten und dienern und knicksen, wenn Gäste im Haus waren, gar vorsingen und Verse aufsagen? Wir wissen nur, daß Luther seine Söhne und Töchter nie geschlagen hat, wurde er selbst doch von seinem gestrengen Vater so hart gestäupt und mit der Rute gestrichen, daß er ihn floh und ihm gram war und lange brauchte, bis er sich wieder an ihn gewöhnte. In manchen Briefen, die Martin von seinen Reisen schrieb, kündete er Käthen an, er habe Zuckerwerk als Mitbringsel für die Kinder besorgt und werde ihnen, sowie er wieder wohlbehalten daheim sei, aus ihrem Lieblingsbuch, dem Reineke Fuchs, vorlesen.

Krankheit und Kräuter, die dagegen gewachsen, Pest, Sterben, Geborenwerden konnten wir in unserem Laienspiel nicht auf die Bühne bringen. Vom 7. Bild an hielt ich bei jedem Auftritt ein Kind im Arm, oder es lehnte mir eines wie gemalt an den Knien. Unermüdlich wie ich war, hatte ich ja im Lauf der Jahre noch elf mutterlose Buben und Maidlein zu meinen eigenen sechsen hinzugenommen, darunter fünf von Martins verstorbener Schwester und die verwaisten Töchter des Sebaldus Münsterer. Da waren's dann siebzehn. Im Haus der Lutherin, sagten die Leute, wohnt eine gar wunderlich gemischte Schar aus Studenten, verlaufenen Nonnen, Witwen, alten Leuten und Kindern, Kindern zuhauf, weshalb große Unruh herrscht, derentwegen viele Leut den Doktor bedauerten.

Während die Bühne für die große Tischszene umgebaut wurde, ging ich unruhig vor dem Vorhang auf und ab, blieb stehen und spähte den Mittelgang entlang, denn ich erwartete Martin von einer seiner Reisen zurück. Als ich ihn müde und niedergeschlagen kommen sah, legte ich mir flugs einen schwarzen Schal um die Schultern, den eine Hand mir aus dem Vorhangspalt reichte, schlang mir einen schwarzen Schleier um den Kopf und begann bitterlich zu weinen. Martin, unterhalb der Bühne stehend, fragte mich, was um Himmels willen denn geschehen sei, worauf ich schluchzend antworten mußte: »Ach, unser lieber Herrgott ist gestorben.« Martin erklomm erleichtert und lachend die Bühne, nahm mich in den Arm und nannte mich seine kluge Frau, die ihm alle Traurigkeit zu vertreiben wußte.

In der Tischszene dann thronte ich ohne die Kinder obenan neben dem Hausherrn und hatte meinen dramatischen Auftritt. Getreu der Überlieferung mußte ich nämlich in Ohnmacht fallen.

»Was höret man Neues?« rief Martin. »Sprecht, ihr Prälaten.«

Einer der jungen Kostgänger fing an zu erzählen von Land und von Leuten, von Hinz und von Kunz, wie sie leibten und lebten. Martin neben mir wurde unruhig. Er schätzte das Geschwätz sowenig wie das Austauschen von Höflichkeiten. Den Becher umfaßte er nach alter Klostergewohnheit noch immer mit beiden Händen und führte ihn zum Munde, als sei er ein Kelch. Sonst freilich war er schon lange nicht mehr der ausgemergelte Mönch, der einmal gehungert und sich kasteit hatte. Die Kunst des Tafelvergnügens hatte er rasch gelernt, lobte, was ich Köstliches auftischte, und ermunterte seine Gäste, zuzulangen. *Warum rülpset ihr nicht und furzet, hat es euch nicht geschmacket?* Nur zu gern hätte Martin das zum allgemeinen Gaudi gerufen, aber unser Lehrer winkte ab: »Zum Teufel mit diesen unausrottbaren Legenden. Wir führen kein Lustspiel auf. Also bitte zur Sache.«

Ein Famulus fragte Luther, wie es denn nun wirklich gewesen sei, damals bei Stotternheim, als der Blitz niedergefahren sei; die wildesten Gerüchte seien darüber im Schwange. Martin erzählte bereitwillig die Geschichte der erschröcklichen Erscheinung vom Himmel, die ihn stracks zu Boden geworfen.

Ich sollte bei diesem Bericht sichtlich unruhig werden. »Man muß dir ansehen«, hatte unser Lehrer mir während der Proben eingeschärft, »daß du dir Martins Erinnerung nicht gerne mitanhörst. Du fühlst dich zurückversetzt an einen anderen Tisch, im Speiseraum des Klosters Mariathron: Da las eine der Nonnen Heiligenlegenden vor, erbauliche Geschichtchen von Erweckungen und Bekehrungen. Für deine Ohren klingt die Mär von Stotternheim hier in Wittenberg ziemlich abgeschmackt und sogar falsch, als habe man in einem Tonstück das Vorzeichen nicht beachtet. Hast du deinen Mann nicht eher skeptisch erlebt? Wohl gelegentlich hitzig, reizbar, aber doch nicht außer sich, seiner selbst nicht mächtig, ein zweiter Paulus, ein zweiter Augustin?«

Also rutschte ich auf meinem Stuhl hin und her, trank zu hastig das selbstgebraute Bier und versuchte, Martin zu unterbrechen. Er aber beschrieb genau den Ort zwischen Gotha und Weimar, wo das Gewitter losgebrochen und er sein *Hilf, heilige Anna, ich will ein Mönch werden* gerufen. Er sei unterwegs gewesen, um sich in Gotha Bücher für sein Jurastudium zu besorgen, habe diese auch gekauft, wollte er doch seinem Vater zuliebe ein hohes Amt im Staatsdienst anstreben. Es sei, wie man sehe, anders gekommen. Nun fuhr er fast launig, ein wenig den Kopf über sich schüttelnd, fort, es sei ihm dazumal heiliger Ernst gewesen mit dem jähen Entschluß, ins Kloster zu gehen, aber Gott halte nichts von unserer Geometrie, Maß- und Rechenkunst.

Gott hält nichts von unserer Geometrie, Maß- und Rechenkunst, schrieb der Famulus eifrig mit; als habe ein Lauscher mitgeschnitten, was hier zu hören war, die Worte wurden eingefangen, spontane, nicht zurechtgelegte, die Flügel bekommen sollten.

Der Famulus hing an Luthers Lippen. Man hörte seine Feder über das Papier kratzen. Das verdroß mich sehr, denn ich wußte wohl, er würde flugs zum Drucker laufen und Geld mit seinem Geschreibsel machen. Er handelte mit Lutherworten wie mit Reliquien. Ich erteilte dem jungen Mann eine Lektion, indem ich ihn aufforderte, die ganze Geschichte in lateinischer Sprache zu wiederholen. Der Gute verhaspelte sich. Hilf, heilige Anna! Da konnte ich die Frau Doktorin sein und ein wenig brillieren mit meinem Klosterlatein.

Weil weithergereiste Gäste unter uns saßen, trug ich mein Festkleid, mein Brautkleid aus dem Kostümverleih. An der Schmalseite des Tisches, unseres ausgezogenen Eßtisches, saß Lucas Cranach und strahlte mich an. Ach, daß er doch Martins Rolle hätte spielen dürfen, wir wären das richtige Paar gewesen. Stolz erzählte er, daß er seinen Freund Martinus schon an die dreißigmal portraitiert habe, freilich sei der im Unterschied zu seiner geschätzten Hausfrau Katharina nicht das geduldigste Modell. Cranach hatte nun aufzustehen und sich in meine Richtung zu verbeugen, die rechte Hand auf dem Herzen. Ich wurde rot bis unter die Frauenhaube.

Rotwerden und Verliebtsein stand nicht im Rollentext. Da stand geschrieben, daß nun ein weitgereister Wundarzt das Wort zu ergreifen hatte. Der erzählte, er sei bei dem berühmten Paracelsus in die Lehre gegangen und sei dabeigewesen, wie der Meister Leichen seziert habe. Sodann berichtete er von unterirdischen Kanälen, die jetzt in einigen Städten gebaut würden, um die Abwässer aufzunehmen und abzuleiten; das solle man wahrlich auch in Wittenberg tun; als Bürgermeister wolle Meister Cranach es vor den Rat bringen.

Aber da mußte ich Einhalt gebieten; das sei kein Thema bei Tische. Der Herr Doktor zupfte verlegen an seinem Bärtchen.

»Soviel Unrat, wie heute in der Welt ist«, rief da neben mir Luther, »kann gar nicht weggeschwemmt werden, denn es regnet täglich mehr Dreck, verderbet und vergiftet das arme Volk.«

Es regnet täglich mehr Dreck ... kritzelte der Famulus mir gegenüber in sein schwarzes Notizbuch, schrieb mit in buntem Gemenge von Deutsch und Latein, wie's Luther zu sagen beliebte.

Wieder versuchte ich, meinem Mann ins Wort zu fallen:

»Warum esset Ihr nicht, sondern redet und redet?«

Er aber, ich kannte ihn ja, fing an, die Sauglocke zu läuten. Wenn er so in Harnisch geriet, blieb keiner verschont. Scharfzüngig und scharfsinnig geißelte er dann alle, die sich der guten Botschaft des Evangeliums in den Weg stellten. Sein Poltern und Schelten war bühnenreif. Der Hauptdarsteller Martin konnte sich wieder mal präsentieren, nicht als Glaubensheld, schon gar nicht als die Wittenberger Nachtigall; jetzt war er der Halsstarrige. Das fröhliche Aufeinanderplatzen der Meinungen, das er früher so geliebt hatte, duldete er nicht mehr. Jetzt war er die größte Schandschnauze Deutschlands, wie Strindberg ihn nennen sollte. Jetzt war er der Tiefenttäuschte. Die große Wende, die er hatte herbeiführen wollen, war kläglich versandet, die Reichsreform ohne Folgen.

»Solange Deutschland kein Hirn und kein Aug hat, kann sich die so geknebelte und gewürgte Freiheit nimmer erheben.«

... geknebelte und gewürgte Freiheit nimmer erheben ... Der Famulus konnte seine Feder gar nicht so rasch in die Tinte tauchen, um ja jedes der aufgeschnappten Worte zu Papier zu bringen.

»Euer Essen wird kalt«, ermahnte ich Martin und winkte der Magd, den Teller des Hausherrn in die Küche zu tragen und ihm einen neuen zu bringen. Doch er stieß die dampfende Schüssel zurück, die ich ihm reichte. Er war nicht mehr der Mann, dem die kleinen Kläffer längst langweilig geworden waren. Jetzt schleuderte er seine Wortblöcke gegen alle, die ihm in die Quere kamen.

Das Regime führe der Teufel, rief er, kein Wörtlein könne ihn fällen. Man wunderte sich, daß unser Lehrer den wütenden Luther jetzt nicht das Tintenfaß des Famulus ergreifen und gegen die Kulissen schmeißen ließ, denn der fuhr fort zu klagen, daß seine lieben Deutschen das Evangelium in ihrer Sprache in Händen hielten, ein Geschenk des Himmels, weiß Gott; aber änderten sich die Menschen?

»Die Welt ist die Welt, war die Welt und bleibt die Welt, die vom Frieden nichts wissen will. Wer wäre nicht endlich der Ungeheuerlichkeiten müde.« Dem Famulus stand beim Schreiben der Mund offen, es durfte ihm kein Hörfehler unterlaufen.

Ich hatte es aufgegeben, meinen Mann zum Schweigen zu bringen. Der sah nur, daß alles beim alten geblieben, und hob zu einer Schmährede an. Martin hatte sie weidlich geübt. Ich mußte sie zwanghaft stumm mitsoufflieren.

Den Papst, der nur auf Machtentfaltung aus sei, schimpfte Luther wieder einmal des Teufels Sau, ganz Rom ein Sündenbabel voller Scheißpfaffen und Vetternwirtschaft; er sei selber in der Heiligen Stadt gewesen, habe Gnaden gesucht und nur Zwiebeln gefunden. Den Kaiser des Heiligen Römischen Reiches Deutscher Nation nannte er botmäßig und anpassungsschlau, und das sei noch höflich gesagt. Die hohen Häupter und Prälaten? Allesamt Esel und Narren. Dann traf es die Fürsten, die hochwohlgeborenen Herren. Seine traumatische Abneigung gegen die Macht war mit der Zeit nur noch heftiger geworden. Mit schneidender Konsequenz geißelte er die erlauchtesten Herren, die Fürsten sich nennen. Ich hatte es oft aus seinem Munde gehört und hätte es an seiner Stelle sagen können. Spitzbuben und Schalke nannte er sie, die schuldigste Ehrerbietung erwarten, wo doch für sie eigens der gezogene Gewehrlauf erfunden wurde, daß sie anlegten auf ihre Untertanen. Auch der König von England gebärde sich als tobender Tyrann, und alle die Herren verdürben das arme Volk, das wahrlich nichts zu lachen habe. Er werde sich einen Teufel tun, sich zum Schweigen bringen zu lassen; man denke ja nicht, Luther sei tot. Jetzt müsse man den Schaden und die Wunden öffnen, wolle man's heilen; mit Zudecken wird's nur noch ärger und endlich unmöglich.

Daraufhin kehrte sich Martinus zu einem der Tischgänger, der aus Zerbst stammte, und fragte ihn, warum sie die Wiedertäufer und die Schwärmer nicht vertrieben hätten, die sich in die Stadt eingeschlichen, die armen, irrigen Geister; Abgötterei betrieben die, durch Träume suchten sie Offenbarung, mit dem Wort wollten sie sich nicht begnügen:

»Wenn man denen schon keinen Sirup und Rhizinus einverleibt, müssen sie doch von selbst oben und unten ihre Gifte ausspeien, und wenn sie nicht können speien und scheißen, wird ihnen wie Judas der Bauch bersten.«

An dieser Stelle war mein Schwächeanfall noch nicht vorgesehen. Da hatte ich nur die Hände zu ringen und mich auf meinem Stuhl hin und her zu wiegen. Ach,

Martins Hang zu groben Keilen! Ist denn niemand an diesem Tische, der sich die Ohren zuhält? Die erlauchten Gäste aber lachten und prosteten Martin gar zu. Der hatte nun wahrlich der Liebe nicht, war vielmehr ein Erz, eine klingende Schelle. Der las nun den verfluchten Bilderstürmern die Leviten, den Antinomisten und Sakramentariern. Selbst der gottverdammte Ablaßkram sei immer noch heimlich im Schwange, obschon er, Martinus Luther, die Krämertische eigenhändig umgestoßen habe; er könne die Verachtung nicht ertragen, mit der man dem Wort Gottes begegne und die Schuld, diese Selbstverkrümmung des Herzens, mit Geld ablösen wolle. Schlimmer aber seien die Abweichler im eigenen Lager, denen es an Mut gebreche, den Herrn zu bekennen, und denen er immer wieder in den Ohren liegen müsse, damit nicht alles in toter Orthodoxie ende und die Sache des Glaubens ohne Glauben betrieben werde. Weh über die Lauen im Lande! Weh über die Frömmler! Wie viele Sekten und Gruppen begeiferten sich jetzt gegenseitig. Trotzdem sei es undenkbar, daß die Christenheit könnt auseinanderfallen. Die kranke Kirche habe er heilen, Christus in sein Haus zurückholen wollen. Was sei daraus geworden? Keine Umkehr. Keine Buße, wie es rechtschaffenen Gläubigen wohl anstünde. Das große Erwekken, das einmal jedermann ergriffen habe, sei kläglich dahin. Wo die Werke und die Liebe nicht herausbrächen, da hafte das Evangelium noch nicht.

Der Famulus hatte es aufgegeben, mitzuschreiben, nur diesen letzten Satz notierte er noch: *Wo die Werke und die Liebe nicht herausbrächen ...*

Martin hatte sich jetzt zurückzunehmen und ruhiger zu werden. Unser Lehrer nutzte die Tafelrunde, um uns

Lutherworte einzuhämmern, sein beiläufiger, listiger Bekehrungsversuch. Manchmal hatten wir den Eindruck, er schikaniere besonders Martin, der sich doch die allergrößte Mühe gab. Immer erneut ließ er ihn seinen Text wiederholen: »Die Pausen, die Pausen sind das wichtigste. Du kannst solche hypnotischen Sätze doch nicht ohne Pausen sprechen.« Und Martin sagte zum soundsovielten Mal: »Alles, was der Glaube tut, das richtet er zu des Nächsten Nutz, ihm zu helfen.« Der Famulus konnte es getrost schwarz auf weiß nach Hause tragen.

Ich atmete auf. Aber leider stürzte da ein Bote auf die Bühne und vermeldete, daß die kaiserlichen Armeen wieder einmal vor den Türken davongelaufen seien; ein paar Scharmützel, und sie hätten ihre Parole »Kampf den Ungläubigen« schmählich verraten. Nie sei die Türkengefahr größer gewesen. Eine Krone für die abendländischen Besitzungen habe sich der Herrscher des Osmanischen Reichs schon von venezianischen Goldschmieden anfertigen lassen.

Ach, die Türken mit ihrer fabulösen Heeresmacht und der größten Flotte des Mittelmeers, mit ihrem einheitlichen Glauben und ihrem Koran! Ungarn war schon in ihrer Hand. Unzählige Protestanten waren zu Tode gekommen oder hatten fliehen müssen.

»Eine Peitsche des Zorns Gottes!« rief Luther und fiel wieder in seinen zotigen Ton, »ehe ich diese Mordbrenner und Menschenfresser, diese Feuerleger und Kirchenschänder billige und für rechtens erkläre, wollt ich mich hundertmal köpfen lassen, meiner armen Christenheit ein Exempel zu geben.«

Im selben Atemzug verfluchte er die Juden; es sollt ihn nicht wundern, wenn der Feldherr, der so feige vor den

Türkischen zurückgewichen, ein Jud gewesen sei, anders sei solche Waffenstreckung nicht zu erklären. Er halte nun dafür, rief er mit sich überschlagender Stimme, daß man den unbekehrbaren Jüdden ihre Synagogen und Schulen anstecke und ihre Häuser zerbreche; daß man ihnen vor allem aber den Wucher verbiete und ihnen Äxte, Spaten, Rocken und Spindeln in die Hände gebe, auf daß sie im Schweiße ihres Angesichtes ihr Brot verdienen müßten.

Weil keiner der hohen Gäste ihm widersprach, hatte unser Lehrer mich ausersehen, meine Stimme zu erheben und Martinus daran zu erinnern, daß er einmal eine versöhnlichere Haltung gegen die Juden gezeigt:

»Jesus Christus ist ein geborener Jude gewest, so haben Sie es geschrieben. Gottes Willen stellten Sie anheim, ob er sein auserwähltes Volk zu gegebener Zeit erleuchten und bekehren wolle.«

Aber Martin herrschte mich an: »Schweig, Katharina. Es ist so viel danebengefallen von all dem guten Wort, das der Herr Israel verkündet hat. Aus Davids Geschlecht hat Gott, wie verheißen, den Heiland kommen lassen. Das hat er an keinem anderen Volk getan. Aber erkannt haben ihn die Seinen bis heute nicht. Williger als willig habe ich mich gegen die Jüdden erwiesen, habe, wie jedermann weiß, für die Aufhebung aller Berufsverbote gekämpft, die ihnen auferlegt sind; hab sogar, Gott ist mein Zeuge, der Obrigkeit vorgeschlagen, das Eheverbot aufzuheben, das ihnen verbietet, Christen zu heiraten. Hab manch fein Büchlein ohn alle Schärfe zum Wohl der allenthalben verfolgten Jüdden geschrieben. Und hab immer Israels Erwähltheit hervorgehoben, Israels Gottesbegabung, möge nachlesen, wer da wolle. Ich hab mich aufs allerdemütigste erboten, mit den Juden zu reden, aber da war keine Stimme noch Antwort. Drum kann ich sie nimmer mit Sanftmut behandeln. Du weißt, Käthe, Christus, Paulus und Petrus sind auch nicht immer sanftmütig gewesen. Wie oft haben sie die Ungläubigen Otterngezücht genannt, Mörder, Teufelskinder und Verstockte, die weder hören noch sehen, was Mose auf steinerne Tafeln geschrieben. Wieviel Tränen hat Jesaja über sein Volk vergossen und Amos, der unter den Schafzüchtern von Thekoa war zur Zeit des Usias, des Königs von Juda.«

Jetzt saß Martin nicht bei Tische, sondern stand auf der Kanzel und predigte mit Amos, den er übersetzt hatte, so sehr sich die hebräischen Schriftsteller auch sträubten, deutsch zu reden. Jetzt verwandelte sich Martins Trauer wieder in Grimm. Niemand konnte ihm mehr Einhalt gebieten. Wie Amos im Alten Bunde habe er gehofft, etliche Juden zu reizen, wieder zur Verheißung ihrer Väter zu treten. Erinnern sollten sie sich, daß sie einmal die Psalmenbeter waren, die sich nicht mit Mythen und Ideen haben abspeisen lassen, sondern in ihrer Gottbesessenheit beten konnten wie kein Volk vor und nach ihnen. Mit Amos stimmte der heilige Martin nun sein Klagelied an und schlug die Steifsinnigen mit ihren eigenen Waffen: »Aus allen Geschlechtern der Erde habe ich allein euch erkannt, darum will ich heimsuchen alle eure Sünde.«

Der Vorhang ging noch lange nicht zu. Martin war nun der enttäuschte Liebhaber, dem die umworbene Geliebte die kalte Schulter zeigte, der nun von allen guten Geistern verlassen noch einmal im Rundumschlag den Papst, die Türken und die Juden verfluchte, diese drei. Was die

Juden betreffe, man solle ihre Häuser zerstören und ihnen den Wucher verbieten, damit sie nicht mehr schachern, die Preise steigern, die Waage fälschen und Spreu für Korn verkaufen können, ja, man solle ihre Schulen und Synagogen anzünden und ihnen alle Bücher nehmen, auch die Bibel... Das war mein Stichwort. Der Boden verschlang mich nicht, aber ich schickte mich an, die Tafelrunde zu verlassen. Doch beim Aufstehen sank ich in Ohnmacht, halb über den Tisch, halb auf Martinus, der mich auffangen und mit Hilfe des Doktor Schurff von der Bühne tragen mußte.

Luthers Sterben und Tod haben wir nicht aufgeführt, wohl aber seinen Abschied von mir. Wir standen uns in der Wohnstube gegenüber. Daß wir beide älter und dikker hätten aussehen müssen, spielte in unserem Laienspiel keine Rolle. Wir sollten uns bitte sehr nur weniger hurtig bewegen, vor allem Martin mit seiner Gicht und seinem Steinleiden, dem Ohrensausen und der Sehschwäche, die keine Brille mehr zu beheben vermochte. Die Nickelbrille war denn auch das einzige zusätzliche Requisit für diese Szene.

Mit beschwörenden Worten versuchte ich, Martin von seiner Reise zurückzuhalten, zählte auf, wohin er in diesem bösen Winter '45 auf '46 trotz seiner geschwächten Gesundheit gefahren war: »Nach Torgau, Zeitz und Merseburg«, das reimte sich dann auf »Eilenburg«, »nach Leipzig, Halle, Eilenburg«, und kalt reimte sich auf alt:

»Der Winter ist gar grimmig kalt,
du bist jetzt krank und bist jetzt alt.«

Weiter ging es in barocker Prosa, in der das Eis auf Elbe und Saale als unüberwindlich geschildert wurde, des Frühlings Ruf sei noch nicht laut genug, die Bande des Winters und das Eis auf der Elbe zu sprengen. Wehe, wenn diese Schollen sich von Böhmen her in Bewegung setzten, an der Dresdner Brücke sich stopften und zu Trümmern auftürmten, dann würde bei sinkenden Temperaturen das Hochwasser folgen.

Aber wie apokalyptisch ich auch den Winter ausmalte, Martin schlug alle Warnungen in den Wind. Er bestand sogar darauf, seine Söhne Hans, Martin und Paul mitzunehmen, deren Hauslehrer, den Famulus Rudtfeld und den Magister Cölius. Wieder einmal vergaß Martinus seine Schwäche und fuhr los. Die drei Grafen Albrecht, Hans-Georg und Philipp von Mansfeld, Landesherren über Eisleben, hatten ihn gebeten, einen Erbstreit zu schlichten. Ich konnte nur noch den Reisesegen murmeln, die Hände ringen und, laut Anmerkung im Rollentext, bitterlich weinen.

Ein Bühnenruck von wenigen Tagen: Durch den Mittelgang kam ein Bote gelaufen und übergab mir gleich drei Briefe von Martin. Ans Fenster tretend las ich vor, daß meine schlimmsten Befürchtungen sich bestätigt hatten: Die Meinen waren nicht von Halle aus über die Saale nach Eisleben gelangt, denn *es begegnete ihnen eine Wiedertäuferin mit Wasserwogen und großen Eisschollen und drohte mit der Wiedertaufe und hat das Land bedeckt.* Erst am vierten Tag konnte die Überfahrt auf drei zusammengebundenen Kähnen gewagt werden. Am anderen Ufer warteten eine Kutsche und ein Geleit von sechzig bewaffneten Reitern, die die Grafen dem hohen Gast entgegengeschickt hatten.

»Sechzig Reiter, zu bewachen
meinen Vielgeliebten, ach,
sollt ich mir nicht Sorgen machen,
mich nicht grämen Tag und Nacht?«

Ich erbrach das Siegel des nächsten Briefes: *Meiner lieben Hausfrauen, Katherin Lutherin, meiner gnädigen Frauen zu Händen und Füßen.* Da bekam ich denn zu hören, daß ich die Selbstmärtyrerin zu Wittenberg sei, er habe alle meine Briefe empfangen, ich solle ihn aber mit meinen ewigen Sorgen zufrieden lassen, *denn Du willst sorgen statt Deines Gottes, gerade als wär ER nicht allmächtig, der da zehn Doctor Martinusse schaffen könnt, wo der alte ersöffe in der Saale.*

Hier sollte ich gleichzeitig lachen und weinen über Martins Martinusse, über seinen Schalk und seine Unbekümmertheit. Also rief ich lachend und weinend ins Publikum:

»Er ist heiter, Dank sei Gott,
auch der Stein macht keine Not,
alle Briefe, die ich sandt,
kamen flugs in seine Hand.«

Alle Briefe Katharinas an ihren Mann sind verlorengegangen. Wie begann sie, wenn sie ihm schrieb? Meinem freundlichen, lieben Doctor Martinus Luther? Gnade und Friede in Christo? Zu Handen meinem gnädigen, gelahrten Herrn Professor, Prediger, Gottesstreiter, Kirchenvisitator, Bibelübersetzer, und was der Martinusse sonst noch zu sein belieben? Unterschrieb sie mit: Eure willige Dienerin, oder, ihn schalkhaft kopierend, Euer Heiligkeit willige Dienerin? Der Bote eilt sehr, Gott befohlen, Amen, Dein Herzliebchen?

Nach Luthers Tod schrieb sie an ihre Schwägerin: *Daß ihr ein herzliches Mitleiden mit mir und meinen Kindern tragt, glaub ich leichtlich. Denn wer wollte nicht billig betrübt und bekümmert sein um einen solchen teuren Mann, als mein lieber Herr gewesen ist, der nicht allein einer Stadt oder einem einzigen Land, sondern der ganzen Welt gedienet hat. Deshalben ich wahrlich so sehr betrübt bin, daß ich mein großes Herzeleid keinem Menschen sagen kann.*

Diesen Brief hat unser Lehrer mich nicht verlesen lassen. Meine letzten Worte waren:

»Ich will noch diese Stund ihm schreiben,
den Boten dann zur Eile treiben.«

Mein Abgang erfolgte unauffällig. Wo ich gestanden hatte, erschien nun unser Engel und zwang das Publikum zu einer Schweigeminute. Stand da mit zusammengefalteten Flügeln, angestrahlt vom Scheinwerferlicht. »Media vita in morta sumus«, begann er die Antiphona auf Lateinisch zu singen, hauchte das Media beim Ausatmen, sang mit leiser, weicher Kopfstimme, um dann die Luthersche Nachdichtung mit hartem Ansatz zu beginnen. Das Kyrie eleison am Schluß jeder Strophe wurde hinter dem Vorhang von unserem Schulchor mitgesungen.

Luthers letzte Reise. Luthers Krankenlager. Luther auf dem Sterbebette zu Eisleben. Doctor Martin Luthers Tod. Luthers Leichenbegängnis von Eisleben nach Wittenberg. Doctor Martin Luthers Verherrlichung. Als Holzschnitte mit dem Stichel ausgehoben. Als Lithographien in Kalkstein graviert oder auf feinkörnige Schieferplatten geätzt. Mit kalter Nadel in poliertes Kupfer geritzt. In Öl gemalt, mit Bleistift und Rötel gezeichnet, kopiert und wieder kopiert und umkomponiert. Auf den meisten Darstellungen liegt der Sterbende im Bette, nur auf wenigen sitzt er im Lehnstuhl. Immer umringt von den Freunden, den Söhnen, den Grafen. Bilder gibt's, in die haben die Maler sogar Katharina hineingemogelt, kniend zwischen ihren Söhnen oder am Fußende des Lagers neben anderen Staffagefiguren stehend.

Dabei war sie nicht bei ihm, als er starb. Sie schrieb ihm vielleicht gerade einen Brief oder las den letzten von seiner Hand, in dem er vermeldete, es fechte ihn gottlob der Stein nicht an; *hier ist das Gerücht gekommen, daß Doctor Martinus weggeführt worden sei, solches erdichten die Naseweisen, Deine Landsleute ... Hiermit Gott befohlen, Amen. Zu Eisleben am Sonntag Valentini 1546.*

Antwortete Käthe ihm unverzüglich, saß oben in der Turmstube, die zu seinem letzten Selbstbildnis erstarrte mit den Büchern und Briefbündeln auf Tischen, Schemeln, Borden und Bänken, so hoch gestapelt, daß man die Täfelungen an den Wänden kaum noch sah. Selbst die Dielen vollgestellt mit aneinandergelehnten Folianten. Allenthalben lagen verstreute handbeschriebene Blätter, die langsam vergilbten: die letzten Bibelrevisionen, die Hauspostille, die letzten Vorlesungen über die Genesis:

Das ist nun die liebe Genesis. Unser Herrgott geb, daß man's nach mir besser mache. Ich bin schwach, ich kann nit mehr. Da hier lange niemand etwas anrühren wird, verteilt sich eine schimmernde Patina von Staub auf Holz und Papier. Die schöne Kassettendecke, die Käthe einziehen ließ, spottet dem armen Stüblin, aus dem heraus einer *das babstumb gestürmt hat.* Nur diese Decke ist heute nicht, wie die übrige hölzerne Ausstattung, mit Besucherinschriften übersät.

Ich bin schwach. Ich kann nit mehr. Und muß mich doch immer wieder von Tag zu Tag verjüngen. Martins Klage der letzten Jahre haben Käthe und die Freunde oft genug zu hören bekommen; eine unnütze Last der Erde sei er, abgelebt, träge, müde, kalt und nun gar einäugig. Welches von Käthens Kräutern war dagegen noch gewachsen?

Sein Haus hatte Luther bestellt. Sein Testament hatte er geschrieben, eine Huldigung an die *teure Hausfrau Katherin, welchselbe ihn als ein fromm ehrlich Gemahl allezeit lieb, wert und schön gehalten.* Ihr vermachte er das Gütlein Zülsdorf sowie das Haus Bruno zur Wohnung, das in Wittenberg gekauft worden war. Überdies erbte sie die Kleinode, Becher, Ringe, Ketten, Schenkgroschen, güldne und silberne. Barschaft sei nicht vorhanden; Käthe möge seine Schulden auf sich nehmen, so er noch schuldig sei. Der Herr Herzog Johannes Friedrich, Seine Kurfürstliche Gnaden, wolle seine Witwe schützen und handhaben, und alle guten Freunde wollen seiner lieben Käthe Zeugen sein und sie entschuldigen helfen, wo etliche unnütze Mäuler sie beschweren oder verunglimpfen würden.

Offenbar fürchtete Luther, noch längst nicht allen Lästerern die Schandmäuler gestopft zu haben. Womöglich rissen sie sie wieder auf, wenn er nicht mehr neben seiner Frau sein könnte, und neideten ihr das Haus und das Gütlein und sahen sie scheel an, weil sie die Witwe eines Mannes war, dessen Name in aller Munde gewesen.

Katharina konnte, wie sie ihrer Schwägerin in ihrem Brief anvertraute, *vor Trauer weder essen noch trinken, auch nicht schlafen und vor Leid und Weinen weder reden und schreiben.* In ihren Witwenjahren – sechs waren es noch – war ihr oft, als sei das plumpe Rollwägelchen, das Martin nach Eisleben gebracht, erst gestern abgefahren.

Die Söhne haben ihr berichtet, wie es zugegangen ist auf dieser letzten Reise des Vaters mitten im kalten Winter bei schneidendem Nordwind und groben Flocken. Man hätte besser nach Wittenberg zurückfahren und daheim die Schneeschmelze abwarten sollen. Aber der Vater sei noch nie unverrichteter Dinge umgekehrt. Auch hier habe er alles dransetzen wollen, um aus den stummen, verbitterten Grafen wieder Brüder zu machen, die miteinander reden könnten; solch Versöhnungsversuch freilich sei schlimmer als das Abschlachten eines Stachelschweines.

In seinem letzten Brief hatte Martin Käthe geschrieben, daß er die Einigung zustande gebracht hatte; die jungen Herren seien darob guter Dinge, führen zusammen Schlitten und trieben vor Freude allerlei Mummenschanz.

Von ihren Söhnen wollte Käthe hören, wie es dem Vater ergangen sei. Habe er Schwächeanfälle gehabt? Ohnmachten? Habe er ihre Medizin zu sich genommen? Oder sei er wieder so arg von den Ärzten gemartert worden wie anno '32, wo sie ihm soviel zu trinken gegeben hatten, als sei er ein Riesenochs; das habe er ihr oft erzählt. Konnte er jetzt ohne Schmerzen Wasser lassen? Sei wieder ein Stein abgegangen?

Versuchten die Söhne der Mutter schonend beizubringen, was sich im Haus des Gräflichen Kämmerers in Eisleben zugetragen hat? Die Buben waren ja noch jung, Hans neunzehn, Martin vierzehn, Paul elf Jahre alt. Nur den Kleinen hat man aus dem Sterbezimmer geschickt. Die beiden anderen gingen Professor Jonas und Meister Cölius zur Hand, wenn sie den Kranken mit warmen Tüchern abrieben, wie die Mutter es auch getan hätte. Jonas ließ die Wirtsleute wecken und zwei Eislebener Ärzte herbeirufen. Auch der hochwohlgeborene Graf Albrecht kam mit der Gräfin; die brachte allerlei Kräuter und Stärkungen mit und gab dem Sterbenden geschabten Einhorn mit Weinessig zu trinken, so daß er noch einmal sprechen und sein Seelichen dem Herrn befehlen konnte, dankbar, nicht auf dem gerüsteten Scheiterhaufen dahinfahren zu müssen.

Wieder wie in der vermeintlichen Sterbestunde vor neunzehn Jahren war es Justus Jonas, der die Zeit zum Stillstehn zwang, ein Brennglas über den flüchtigen Augenblick hielt und ihn zum Glühen brachte. Er schrieb die letzten Worte seines Freundes auf, die nun wahrhaftig die letzten waren: *Du hast mich erlöst, Gott der Wahrheit.* Eisleben in der dritten Morgenstunde am Donnerstag, den 18. Februar 1546.

Vielleicht hat Jonas der Lutherin verschwiegen, daß Martinus drei Tage vor seinem Tode zu ihm gesagt hat, er sei länger als ein ganzes Jahr immerfort gestorben; wie, wenn er nun hier in Eisleben, wo er geboren und getauft sei, bleiben, sich in den Sarg legen und den Würmern einen feisten Doctor zum Fraß geben sollt?

Ganz sicher wird Jonas berichtet haben, daß die Grafen von Mansfeld die berühmte Leich gern in Eisleben behalten hätten, dieweil doch der Doctor hier geboren und getauft und von dem Allmächtigen aus diesem Jammertal in das ewige Leben erfordert worden sei. Doch der Kurfürst beanspruchte sein größeres Recht auf den Toten und verfügte dessen Aufbahrung in der gutbewachten Sakristei der Marktkirche zu Halle und seine weitere Überführung nach Wittenberg.

Sodann berichtete Justus Jonas der Lutherin, wie er, obschon selber krank, geregelt habe, was zu regeln gewesen sei. So konnte noch am 18. Februar der aus Berlin durch einen reitenden Boten herbeigerufene fürtreffliche Maler Furttenagel ein Totenbildnis am Sterbebette zeichnen und am nächsten Tag in Halle ein Modelleur die Totenmaske und die Hände abnehmen.

Bekam Käthe das teigige gemalte Antlitz zu sehen oder das gipserne mit dem schmallippig gewordenen Mund? Hielt man ihr seine erstarrten Hände hin: Seine Hände, Frau Doctorin! Gab der umsichtige Freund Jonas ihr die lateinischen Notizen, die man auf dem Tisch im Sterbezimmer gefunden hat? Niemand habe die Heilige Schrift genugsam geschmecket, klagte Luther da in der letzten Nacht seines Lebens und schloß mit den Worten: *Wir sind allesamt Bettler, das ist wahr.*

Die Söhne werden der Mutter nicht ohne Stolz das Leichenbegängnis von Eisleben über Halle nach Wittenberg vor Augen geführt haben, die viertägige, nicht abzusehende Prozession der Trauernden, angeführt von den Freunden und berittenen hohen Herren und gefolgt von einer Volksmenge, die von Ort zu Ort größer wurde. Allenthalben läuteten die Glocken. Viele Maler haben den Zug später gemalt und dabei, früheren Vorlagen folgend, die drei Lutherbuben ganz vorn hinter dem vorangetragenen Kreuz gehen lassen.

Um mit in die Stadt einzuziehen, mußte die Witwe mit ihrer Tochter Margarethe dem Leichenbegängnis entgegenfahren. Am Elstertor, da, wo sechsundzwanzig Jahre zuvor Luther seine Bannandrohungsbulle und etliche römische Gesetzesbücher öffentlich verbrannt hatte, empfing der Rektor Magnificus der löblichen Universität mit großen Leidenszeremonien das Trauergeleit. Fürsten, Grafen und Freiherren versammelten sich um den ehrwürdigen Rat der Stadt, danach der ganze Haufe der Studenten und danach die Bürgerschaft jung und alt mit lautem Weinen und Wehklagen.

Martin Luther ist tot. Über alle Wellen des Äthers, die noch gar nicht entdeckt waren, verbreitete sich die Nachricht.

Luther ist tot. Seine Feinde atmeten auf und triumphierten; der Teufel habe ihn endlich geholt, den Schurken, den falschen Propheten, den Tollhäusler, der ein so schönes Talent so schamlos an die schlechte Sache der Kirchenspaltung vergeudet habe, als ob der ungenähte Rock Christi zu zerreißen sei.

Luther ist tot. Melanchthon unterbrach seine Vorlesung und sagte, daß alle wahren Christen nun als arme, elende, verlassene Waisen zurückblieben, die des teuren Vaters beraubt seien.

Luther ist tot, nachdem er, wie in ehernen Lettern und

Zahlen nachzulesen sein wird, 63 Jahre, 2 Monate und 10 Tage gelebt hat.

Knapp neunzehn Jahre davon war Katharina an seiner Seite. Wo wenn nicht neben ihm wäre sie nun noch zu finden? Ich sehe sie beim Trauergottesdienst in der Schloßkirche sitzen. Die Kurfürsten knien noch leibhaftig da, weise, bärtige, beständige, großmütige, wie ihre Beinamen sie nennen. Auch die Freunde und Mitkämpfer sind noch nicht in Bronze gegossen; die hölzerne Thesentür ist noch nicht verbrannt; sie läßt sich nicht schließen, weil das Volk hereindrängt. Der Sarg steht der Kanzel zugewandt. Bugenhagen predigt in deutscher, Melanchthon in lateinischer Sprache. Den Wagenlenker Israels nennt er den toten Freund, den Propheten Gottes. Man singt Lutherlieder: *Verleih uns Frieden gnädiglich;* ob Käthens Stimme ihr gehorchte? *Herrgott zu unsern Zeiten* ... Nach Händeschütteln und Beileidsgemurmel verschwindet der Morgenstern von Wittenberg unter dem schwarzen Schleier in der schwarzgekleideten Menge, in der schwarzen Geschichte.

Ein paar Briefe bezeugen sie noch als des *Herrn Doctor Martinus Luther gelassene Witfrau.* Die hatte nun wahrlich nichts mehr zu lachen, denn das Testament, das liebevolle, war nach dem harten Recht des Sachsenspiegels nicht gültig, weil der eigensinnige Martinus in seinem unverbesserlichen Mißtrauen gegen alle Juristen und Rechtsverdreher Käthe zu seiner Alleinerbin eingesetzt hatte, ohne einen Vormund für sie bestellt zu haben. Offensichtlich nahm er an, daß seine tiefgelahrte Frau Doctorin keines Vormundes bedürfe. Sein Testament war ein Liebesbrief. Aber die Hände, die nie im Leben Geld gezählt hatten, hätten, nun erstarrt, Käthe fast um den letzten Pfennig gebracht, denn eine Witwe hatte nichts als einen Stuhl und einen Spinnrocken zu beanspruchen; alles andere fiel den Kindern zu. Und weil auch für diese kein Vormund bestellt war, drohte man Käthe, ihr die Söhne wegzunehmen, denn sie verzärtele und verwöhne sie. Der Gnade des Kurfürsten war es zu danken, daß die Buben dann doch bei der Mutter bleiben konnten, allerdings mit der unmißverständlichen Ermahnung, sie mit Fleiß zu Zucht, Tugend und Lehre anzuhalten und ihnen nicht sonderlich viel versäumlichen Schlendergang zu verstatten.

Die Bora wäre wieder arm wie eine Kirchenmaus gewesen, hätte der Kurfürst sich nicht gnädig erzeigt. Als dem Landesherrn zu Ohren kam, daß des Luthers Witwe Philipp Melanchthon anpumpen mußte, um die Bäcker- und Fleischerrechnungen bezahlen zu können, schickte er ihr hundert Gulden. Er sei gnädiglich geneigt, sie um ihres seligen Herrn willen nicht zu verlassen, *damit Ihr Euch vieldestoweniger bekümmern und seines christlichen Abscheidens getrösten wollet.*

Wenn Martin die Gulden auch zum Fenster hinausgeworfen hatte, erhielt sie von dem, was er ihr testamentarisch zu Händen und zu Füßen hatte legen wollen, weiterhin den jährlichen Ehrensold von König Christian aus Dänemark und bekam nach langen, erbitterten Verhandlungen ihr Gütlein Zülsdorf als ihr Eigentum zurück.

Erbittert? Verbittert? Nach Luthers Tod sehe ich Katharina nicht mehr mit Cranachs Maleraugen. Es findet sich kein Bild des Meisters, das die verwitwete Lutherin zeigte.

Bevor ich aus Wittenberg abreise, verabschiede ich mich von dem alten Archivar. Er erzählt mir, wie 1934 der Reichsbischof Müller, geistliches Oberhaupt der Deutschen Christen, hierhergekommen sei. Auf historischen Fotos sieht man die beflaggten Straßen, an denen die SA Spalier stand. Müllers Rede sei ein Exempel für das zur Lüge pervertierte Wort geworden. Er habe es fertiggebracht, aus Luther einen Propheten zu machen, der das Dritte Reich vorausgesagt habe. Nicht weniger gespenstisch sei 1983 der Besuch eines Staatssekretärs der DDR gewesen, der sich zu Luthers 500. Geburtstag hierherbegeben habe. In einer gepanzerten Limousine bei aufgezogenen Gardinen sei der hohe Gast durch ein Potemkinsches Wittenberg gefahren, denn die eigens für diesen Empfang renovierten Häuserfassaden der Schloßstraße seien nur bis zu halber Höhe verputzt worden, nur so weit, wie sie aus einem fahrenden Auto zu sehen waren. Dem hohen Politiker sei der Anblick einer verfallenden Stadt nicht zuzumuten gewesen.

1983 auch hat Pastor Friedrich Schorlemmer seine herausfordernde Aktion im Klosterhof gemacht, wo er ein Schwert in eine Pflugschar umschmieden ließ. Schorlemmer zeigt mir zum Abschied augenzwinkernd das kleinste reformationsgeschichtliche Museum der Welt, das er zusammengetragen hat: den Zapfhahn aus Luthers Bierkeller, den Federkiel von Auri Faber, mit dem dieser die Tischreden aufzeichnete, einen erbsengroßen Nierenstein Luthers, ein Stückchen vom Leder des Sattels, den Luther 1522 nutzte, als er von der Wartburg zurückritt, ein Nest mit Eiern der »Wittenberger Nachtigall«, ein Holzscheit von der Verbrennung der Bannbulle, ein Hammerrudiment und vier Nägel vom Thesenanschlag, den Wurzelstock der Lutherrose, den ausgerissenen Griff von Luthers Sarg – und von Frau Käthe einen Holzlöffel aus ihrer Küche und ein Wiegenband, mit dem sie ihre Kinder wiegte. Wenn das keine Reliquien sind!

Ich gehe noch einmal durch Wittenberg. Auf der Schloßstraße steht eine japanische Reisegruppe vor dem Cranachhaus. Ich gehe mit ins Haus, obgleich ich kein Wort von dem verstehe, was die Reiseleiterin sagt. Sie demonstriert aber ihre Rede so theatralisch, daß ich das meiste begreife. Sie schwingt imaginäre Pinsel und reicht sie weiter, um zu zeigen, daß der Meister und sein Sohn sich vor Aufträgen kaum retten konnten und malten und malten und Mitarbeiter und Lehrbuben ihnen zur Hand gingen. Die junge Japanerin nimmt ihren hübschen Kopf in beide Hände, als hebe sie ihn ab und setze ihn anderen Körpern auf; sie verrenkt sich und bringt ihre Arme und Beine in verschiedenen Stellungen an fremde Rümpfe. Sie redet aufs anmutigste mit Händen und Füßen und lächelt dabei. Ich verstehe sie. Ich begreife, wie rational in dieser Werkstatt gearbeitet wurde. Ein und derselbe Frauenkopf konnte als Eva oder Madonna, als Engel oder als Katharina in immer anderen Bildern verwendet werden. Die Meister verteilten die Arbeit. Bis zu zehn Vorzeichnungen mit verschiedenen Handschriften wurden unter vielen Portraits sichtbar gemacht. Bis zu zehn! Die Reiseführerin spreizt ihre Finger. »Aber der predigende Luther auf dem Flügelaltar in der Schloßkirche«, sagt sie plötzlich in fließendem Deutsch zu mir, »ist zweifelsfrei ein Werk des Altmeisters, an das niemand sonst Hand anlegte.« Ich lächle dankbar zurück und deute sogar eine Verbeugung an.

In der Schloßkirche erklärt wenig später auch ein deutscher Lehrer seinen Schülern vor dem Bild des predigenden Reformators, daß dieses letzte von Lucas Cranach dem Älteren angefertigte Portrait mit Sicherheit von des Meisters Hand stamme. Der Lehrer erzählt nun, ein Spanier habe im Schmalkaldischen Krieg anno 1546 mit seiner Lanze dem gemalten Prediger einen Stich in den Hals versetzt. So! Der Lehrer hebt den rechten Arm und zielt mit einer gedachten Waffe auf den Hals über dem Rundkragen. Die Frau gegenüber auf der vordersten Kirchbank, der man in der Cranach-Werkstatt den Kopf der jungen Katharina aufgesetzt hat, zieht den kleinen Sohn enger an ihre Knie.

Wann erfuhr die Witwe Katharina von dem Attentat auf das Bild, einem der vielen posthumen Attentate, die noch die Erinnerung an diesen Ketzer aus der Welt schaffen sollten?

Als habe Martin sich an die Zukunft erinnert, hatte er noch kurz vor seinem Tode gesagt, sein großer kaiserlicher Feind bereue längst, daß er den Rebell aus Wittenberg seinerzeit in Worms nicht habe töten lassen. Dieses Mönchlein habe er unterschätzt. Selbst im strenggläubigen Spanien unter den Augen der schärfsten Inquisition schwelten nun ketzerische Brände, ebenso wie im allerkatholischsten Italien. Eigentlich hätte Martin triumphieren können über die glanzvolle Ausbreitung seiner Lehre, weil halb Europa die weltbeherrschende Macht der Kurie nicht mehr anerkannte und die gereinigte lutherische Kirche wollte.

Doch Martin – keiner wußte es so gut wie Katharina – hatte dem Frieden nicht getraut und schon gar nicht den deutschen Fürsten. Ein Wörtlein des Kaisers werde ihnen das Rückgrat brechen. Der Imperator, in dessen Reich die Sonne nicht untergehe, werde mit einem mächtigen Heer gen Norden rücken.

Kaum war sein großer Gegenspieler in Eisleben gestorben und in Wittenberg beigesetzt, da kam der Kaiser an der Spitze von 8000 spanischen Reitern, kam mit dem bestausgerüsteten, gefürchtetsten Heer der Welt. Und tatsächlich huldigten ihm bald viele Fürsten. Auch so manche, die sich schon zu dem neuen Evangelium bekehrt hatten, erwiesen sich als Schalke und Wendehälse und bekannten sich im Hui zu einem großen Kaiser, der römisch dachte, französisch und spanisch sprach und einen italienischen Kanzler zum Ratgeber hatte. Wie in allen Kriegen eilten der heranrückenden Front Sieges- und Schreckensnachrichten voraus – auch die Kunde, daß evangelische Geistliche und ihre Familien aufs ärgste verfolgt würden und daß Scheiterhaufen auf alle Ketzer warteten.

Noch fragten die Wittenberger nicht, ob sie bleiben oder fliehen sollten. Hatte der Kaiser auf den Regensburger Reichstagen doch Religionsfrieden versprochen! Wollte er wirklich die Glaubensfragen mit Gewalt lösen, oder drohte er nur mit seinem mächtigen Heer? Melanchthon konnte noch Luthers WARNUNG AN SEINE LIEBEN MENSCHEN IN KRIEGSGEFAHR von 1531 nachdrucken und unter die Leute bringen, auf daß sie seinen treuen Rat vernahmen: *Wenn der Kaiser zum Krieg rüsten und gegen unsere evangelische Partei um Päpstlicher Interessen willen Krieg anfangen sollte, so darf in solchem Fall kein Mensch sich dazu gebrauchen lassen und dem Kaiser gehorchen.* Noch hörte man hier auf diese Stimme.

Legte Blumen auf sein Grab. Sang aus dem Geistlichen Gesangk Buchleyn ein lutherisch Trutzlied: *Der altböse Feind mit Ernst er's jetzt meint.*

Die paar Sommermonate nach Luthers Tod waren nur die Stille vor dem Sturm. Käthe fuhrwerkte herum und bestellte Haus und Hof. Sie trocknete Fisch und Fleisch, Pilze, Pflaumen und Kräuter, stampfte Kohl ein, ließ, wie jedes Jahr, im Garten ein paar Sonnenblumenteller für die Vögel stehen und Laubberge für die Igel liegen. Im Wald ließ sie Holz für den Winter schlagen. Käthe machte sich ihre himmelhohen Sorgen um ihre Güter, die zum großen Teil gar nicht mehr ihr Eigentum waren. Wußte man denn, ob sie über das wenige morgen noch verfügen dürfe? Auch erlauchte Gäste waren nicht mehr zu bewirten; keine wunderliche Schar von alten Leuten, entlaufenen Nonnen und Kindern saß mehr an ihrem Tisch, dafür aber jede Menge Kostgänger, an die sie nun Zimmer vermieten mußte. Noch stand das Schmalkaldische Bündnis fest. Tapfere deutsche Kriegsknechte unter dem Hauptmann Mila kamen in die Stadt, bezogen die Tore und Verschanzungen und patrouillierten nachts auf den Straßen.

Aber Katharina mißtraute dem sommerlichen Aufschub und dachte daran, daß Martin noch im Vorjahr gesagt hatte, der Kaiser werde kommen und nahverwandte Fürsten gegeneinander hetzen, um dann beide Teile aufzufressen und zu verderben.

Daß dann ausgerechnet der junge Moritz von Sachsen auf die Gegenseite rennen und in Kursachsen einfallen würde, hätte wohl auch Luther nicht für möglich gehalten. Noch in Luthers Todesjahr läuteten alle Glocken und riefen die Männer zur Verstärkung auf Wälle und

Schanzen. Die Welt wollte vom Frieden nichts wissen. *Wer würde nicht endlich der Ungeheuerlichkeiten müde.* Als sei wieder die Pest ausgebrochen, fragten sich die Leute, ob man bleiben oder fliehen solle. Käthe überprüfte den Planwagen in der Remise, ließ die Achsen schmieren, fütterte die beiden Pferde heraus, die ihr geblieben waren, und packte, um nicht alles blindlings zusammenraffen zu müssen, das Nötigste ein, das im Ernstfall mitzunehmen wäre aus ihrem selbstgeschaffenen Paradies auf dieser dunklen Erd.

Ob man vor dem Krieg fliehen möcht? Wer wüßte es zu sagen. Aus dem Schwarzen Kloster verschwanden die Studenten. Die Universität löste sich im November auf. Als auch Melanchthon zur Flucht riet, hängte Käthe die Laterne an den hochbeladenen Wagen, wickelte Martin, Paul und Margarethe in das Bettzeug und nahm selber die Zügel in die Hand. So male ich sie mir auf dem Kutschbock aus und lasse es schneien – einer alten Chronik zufolge hat es wirklich geschneit –, daß die Plane über den Kindern immer wieder vom Schnee freigefegt werden mußte. Ist es ihre Flucht, diese, die nächste und übernächste, die uns in unserem schändlichen Jahrhundert mit Katharina am meisten verbindet? Bittet, daß eure Flucht nicht im Winter geschehe. Und nicht mit so ungewissem Ziel. Dessau soll noch frei von feindlichen Truppen sein, Magdeburg sich noch nicht ergeben haben. Wittenberg, einst als das neue, das leuchtende Jerusalem gepriesen, versank hinter dem Treck wieder an den Rand der Barbarei. Das Zweitausendseelennest war dem jungen Luther wie in der Wüste gelegen vorgekommen. Damals ahnte er nicht, daß sich einmal aus bunten Mosaiksteinen der Anfang seines Liedes zusammensetzen sollte, und ahnte schon gar nicht, daß ein Spanier ihm noch nach seinem Tode den Hals durchbohren wollte.

Was hätte Martin getan, wenn er das Jahr 1546 überlebt hätte? Katharina wird sich das oft gefragt haben. Denn es ist Krieg, 's ist leider Krieg, und wer begehrte nicht, nicht schuld daran zu sein?

Die im Lutherhaus zu besichtigenden Lanzen und Spieße stammen nicht nur aus den Bauernkriegen. Ich gehe noch einmal über die knarrenden Dielen. Jemand hat seine Initialen sogar in das hölzerne Überbleibsel der Kanzel geritzt, die ein Altlutheraner vom Mississippi komplett nachbaut mit Schalldeckel und Kanzeluhr: Here is the land of the rising sun. Die Kutte eines Bettelmönchs hängt hinter Glas. Falls es denn die echte ist, trug sie vielleicht der junge Martinus noch in Worms, auch wenn er da nicht mehr *zwischen Himmel und Erde hin und her pampelte,* sondern sein Schlupfloch zur Gnade gefunden hatte und sein Nein dem blutjungen Kaiser entgegenhielt, dem größten Fürsten aller Christenheit, dem Monarchen des Erdkreises. Jetzt zum Abschied möchte ich die Augustinerkutte doch gern berühren. Möchte mich wie der Zimmermann aus Saint Louis in das Rollwägelchen setzen und Käthens Fluchtwegen folgen: Wittenberg, Zerbst, Dessau, Magdeburg und zurück. Denn die erste Flucht dauerte nur zehn Wochen. Da eilte der Kurfürst in Eilmärschen aus Süddeutschland heran, wo er gegen die Kaiserlichen gekämpft hatte. Moritz von Sachsen gab die Belagerung Wittenbergs auf und zog seine Truppen zurück. War jetzt noch Krieg? Kam so etwas wie Frieden? Der Rückweg aus Magdeburg muß niederschmetternd gewesen sein. Machthaber, die das Feld räumen, geben den Befehl, nur verbrannte Erde zurückzulassen, verkohlte Wälder und Felder, verwilderte Gärten, geschwärzte Ruinen, geplünderte Häuser. Die Kulissen der Geschichte drehn uns die blutige Seite zu.

Katharina hatte noch Glück, daß der alte Diener Wolf Sieberger im Schwarzen Kloster geblieben war. Die Felder und Gärten hatte er nicht vor der Verwüstung retten können, wohl aber das Haus. Aus dem Keller freilich waren die Fässer mit Heringen, Kraut und eingesalzenen Bohnen veschwunden, Speck und Schinken aus der Räucherkammer. In ihrem Garten hinter dem Haus konnte Katharina wieder von vorne anfangen mit Säen und Pflanzen.

Aber noch ehe in diesem verregneten Frühjahr Radieschen und Schnittlauch geerntet werden konnten, zogen die kaiserlichen Truppen wieder gen Norden, um den andauernden Widerstand des tapferen Kurfürsten Johann Friedrich endlich zu brechen. Wann ist die Lutherin zum zweiten Mal geflohen? Schon Ende April, als ruchbar wurde, daß ihr Landesfürst auf der Lochauer Heide gefangengenommen worden war? Wieder ging es Richtung Dessau, Zerbst, Magdeburg. Nun fiel wenigstens kein Schnee, aber die Städte waren so voller Flüchtlinge, daß Käthe sich entschloß, mit den Kindern nach Dänemark zu entweichen, zu dem einzigen König auf Erden, zu dem Christen noch Zuflucht nehmen und erwarten können, daß er armen Witwen und Waisen Gnad erzeigen werde. Sie wollte außer Landes und rechnete offenbar nicht damit, wieder nach Hause zurückkehren zu können, denn dort zu Wittenberg auf dem hohen Wall hörte man die Büchsen krachen. Dort wollten die Hussiten oder die Spanier Luthers Leiche am liebsten aus der

Gruft holen und den Hunden zum Fraß vorwerfen, aber als der Kaiser dahergeritten kam, rührte er das Grab seines großen Gegenspielers nicht an. Er kam in das entlegene Nest im verwüsteten Deutschland, kam hoch zu Roß, in voller Rüstung, die Lanze in der Faust. Einsam, wie Tizian ihn malte, reitet er aus einem dunklen Wald hervor, um in der Schlacht bei Mühlberg zu siegen und sein Riesenreich zu katholisieren.

Luthers Anhänger waren verstreut. Seine Witwe befand sich auf der Flucht Richtung Dänemark. Doch schon nördlich von Braunschweig mußte sie wieder in die Stadt zurückkehren und dort Unterschlupf suchen. Und mußte erfahren, daß ihr berühmter Name ihr nicht mehr alle Türen öffnete. Leute gab es, die sagten, der Luther sei schuld an diesem Krieg, man hätte vielleicht doch alles beim alten belassen sollen. Geistesfreiheit hin, Geistesfreiheit her. An den Mißständen der römischen Kirche sei nicht zu rütteln. Als sei nun auch der Bann über Katharina gesprochen, beherbergte sie nicht jeder mehr oder ließ ihr Hilfe angedeihen. Hätte Käthe nicht so an ihrem Hab und Gut gehangen, wäre sie besser wieder nach Magdeburg gegangen oder nach Bremen, denn besonders diese beiden Städte zeigten, daß der Kaiser zwar über die Fürstenhäuser triumphierte, nicht aber über deren Untertanen. Ehe er sich der kaiserlichen Gnade überantwortet hätte, wäre Martin wohl nach Magdeburg entwichen – als Bettelmönch oder als Junker Jörg getarnt, wer weiß.

Käthe wollte mit den Kindern nun nach Hause. Wollte nicht wieder auf Mildtätigkeit angewiesen sein. Als bekannt wurde, daß die kaiserlichen Truppen abzogen und Wittenberg dem Kurfürsten Moritz huldigen mußte, hat sich die Lutherin wieder aufgemacht. Ihr Weg führte durch ein Niemandsland voller Brandgeruch. Man umfuhr tunlichst die Straßen und folgte lieber den Wagenspuren über die Äcker. Nichts war wichtiger, als Futter für die Pferde zu beschaffen, einmal am Tag eine warme Mahlzeit für die Kinder und dann einen Unterschlupf zum Schlafen. Vielleicht hat Käthe tagsüber die Plane über die Kinder gezogen, damit sie die verkohlten Wälder nicht sehen mußten, die Pferdekadaver mit den aufgetriebenen Bäuchen, nicht die übereinander gestapelten Skelette, ununterscheidbare Gebeine der Sieger und Besiegten. So könnte Gomorrha ausgesehen haben. Ketzer hatte man an Fleischerhaken aufgehängt. Das Massaker hat nicht auf unentdeckten Inseln unter unentdeckten Wilden stattgefunden, und wir heute brauchen nicht nachzulesen, wie es gewesen ist. Es übersteigt unsere Vorstellungskraft keineswegs. Wir haben solche flimmernden Bilder vor Augen oder frisch im Gedächtnis. Wir brauchen nur aus den alten Darstellungen vorige Personen zu entfernen und durch heutige zu ersetzen, wie es die neueste digitale Bildbearbeitung ermöglicht. Wer sucht wen im Niemandsland? Wer hat wen wo gesehen? Wer weiß etwas über wen? Die Überlebenden begraben die Toten. Die Sieger gehn in die Geschichte ein. Die Waffen werden in Glasvitrinen aufgestellt und beschriftet: Schutz- und Trutzwaffen blank, hieb- und stichfest, lange Piken, Kettenmorgensterne, Pulverwaffen…

Ich suche noch einmal Katharinas Gedenktafel in der Schloßkirche auf. Ihr Leben währte keine siebzig, schon gar keine achtzig Jahre. Die Nachkriegszeit ab 1547 war noch einmal Mühe und Arbeit genug. Da zeigte sich, was Herr Käthe gelernt hatte. Wittenberg und auch Zülsdorf haben mitten im Kriegsgebiet gelegen. Die Soldateska hatte geraubt, geplündert, gebrandschatzt. Aber das Grab des Reformators blieb unberührt, obwohl die schwere Schriftplatte noch nicht gegossen war; man hätte leicht an die Leiche gelangen können.

Das Schwarze Kloster ist stehengeblieben. Wer weiß, wie es drinnen aussah, in Luthers Hörsaal, in Küche und Keller, in der schönen Badstube mit den Sandsteinplatten aus Pirna oder oben in den Schlafkammern, im armen Stüblin ganz und gar, *des Doctori Lutheri seligem studerium.* Käthe war gewohnt, von vorn anzufangen, da blieb keine Zeit, in schwarzen Trübsinn zu verfallen. Das beste Hausvieh waren wieder Hund und Katz. Im Kuhstall standen nur noch leere Krippen. In den Schweinekoben faulte das Stroh. Ob die Söhne zugefaßt haben, da sie doch als verwöhnt und verzärtelt galten? Auch im verwilderten Garten wuchsen in diesem ersten Friedenssommer Obst und Gemüse. So, denke ich mir, konnte Käthe sich durchschlagen, auch wenn es noch nichts in die Scheuern zu sammeln gab für den morgigen Tag. Die tüchtige Hausfrau und der himmlische Vater ernährten doch alle, die hungrig waren. Als die Universität zurückkehrte, bot die Witwe ihr Luthers Hörsaal zur Nutzung an. Es war kein Krieg mehr und war noch kein Frieden. Es war Nachkriegszeit, die den Bürgern unerfüllbare Kontributionen auferlegte. Wehe dem, der jetzt nicht haushalten und rechnen konnte.

Käthe konnte beides. Luther in erstarrter Predigtpose mit ausgestrecktem Arm sagt, sie habe doch einen besseren Sorger, der liege in der Krippen und hänge an einer Jungfrau Brust. Martinus wäre Käthe jetzt kaum eine Hilfe gewesen. Er hätte in seinem Turm gesessen und ein Pamphlet gegen die wankelmütigen Fürsten verfaßt, oder er hätte seine letzte Stachelschrift gegen Rom noch bissiger formuliert: Da hatte er den Papst einen meisterlichen Gaukler und schändlichen Lecker genannt, weil er den Kaiser gehindert hatte, ein deutsches Nationalkonzil einzuberufen, durch das der Krieg vielleicht hätte vermieden werden können.

In Wittenberg gab es Zwangseinquartierungen von verbündeten Truppen, denn solange sich Braunschweig und Magdeburg nicht ergaben, würden die vereinigten katholischen Heere sich nicht zurückziehen. Anderswo wurden neue Konzilien vorbereitet, die zweifellos wieder zu nichts führen würden. Man lebte von der Hoffnung auf bessere Zeiten.

Falls die Lutherin im Schwarzen Kloster noch das eine, das andere Kleinod wieder vorgefunden hat, konnte sie zu dem Zeitpunkt kaum annehmen, daß die Geschichte es ihr als Reliquie aus der Hand nehmen würde, um es, wie den hölzernen Humpen, in Silber zu fassen, mit dem Portrait dessen zu versehen, der daraus getrunken, und mit der unvermeidlichen Umschrift. Für Katharina blieb Luther nicht als der Wagenlenker Israels und Prophet, für sie blieb er als Martinus zurück, als einer, der sie seine herzliebe Käthe genannt, die ihm nichts verdarb; als einer, der dem Teufel die Kehrseite zugedreht und sich nicht herbeigelassen hatte, Geld zu zählen; der aber liebend gern getafelt und gezecht, gelacht, geweint und sie in den Arm genommen hatte; der wie Hieronymus in seinem Turmgehäuse gesessen oder vor die Tür getreten war, um seine Gäste zu empfangen. Er war tot und fehlte ihr an allen Ecken und Enden des weitläufigen Hauses.

Von Katharina ist uns noch ein Brief an den König Christian von Dänemark erhalten, abgesandt am 8. Januar 1552: *Eure königliche Majestät*, schrieb sie da, *wisse sich gnädiglich zu entsinnen, daß E. K. M. ihrem lieben Herrn selig jährlich ein Gnadengeld geschenkt, welches sie zur Unterhaltung ihrer Haushaltung und Kinderlein genutzet habe. Dieweil aber ihr seliger lieber Herr E. K. M. allezeit geliebet und für den christlichsten König gehalten, so werde sie durch dringende Not bewogen, ihre königliche Majestät in ihrem Elend unterthänigst zu ersuchen, der armen, und itzt von jedermann verlassenen Witwen solch ihr unwürdig Schreiben gnädiglich zugutezuhalten und ihr aus Gnaden solches Geld auch fürder folgen zu lassen ...*

Ein Bettelbrief, der mit dem Satz schließt, daß ein jeder sich so fremd gegen sie stelle und sich niemand ihrer erbarmen wolle. Käthe die Bittstellerin. Ein Bild tritt aus seinem Rahmen. So zerknirscht hat man sie noch nie gesehen. Es muß ihr sehr schlechtgegangen sein. Ging es nur ums Überleben, oder konnte sie ihre Verarmung nicht ertragen? Das Gütlein Zülsdorf, um das sie so kämpfte, auf das sie noch in ihrem Todesjahr ein Lehen von 400 Gulden aufnahm, war wohl beides: ihre Lebensgrundlage und ihr ganzer Stolz. Ihrem Schreiben an den dänischen König war ein Brief Bugenhagens beigefügt, der bestätigte, daß die Witwe unseres Vaters Luther hart klage; es sei am Tage, wie großen Schaden ihre Güter im Vorjahr erlitten. Käthe eine Bäuerin, der das Vieh fortgetrieben worden war und der man immer neue Kriegssteuern auferlegte. Käthe eine abgearbeitete Frau, die nicht aufgab. Vor dem Kurfürstlichen Gericht erhob sie Klage gegen den Erbmarschall Hans Löser, der noch dazu Gevatter eines ihrer Söhne war. Der hatte sie und ihre Nachbarn hart und ungerecht mit Kriegslasten belegt.

Herzog Moritz wechselte wiederum die Fronten und schlug mit seinen Sachsen, Hessen und Brandenburgern nun den Kaiser in die Flucht; um ein Haar hätte er ihn gefangennehmen können. Die deutschen Fürsten waren frei. Auch Kurfürst Johann kehrte zurück und mit ihm Lucas Cranach, der ihn als sein Hofmaler in die Gefangenschaft nach Innsbruck begleitet hatte.

Der Meister war wieder in der Stadt und nahm seine Arbeit auf. Mit langem, weißem Bart setzte er sich selbst in das Taufbild auf der rechten Seite des Flügelaltars. Den unverkennbaren, zarten Melanchthon malte er als Täufer. Im Abendmahlsbild auf dem linken Flügel sitzt Luther als Junker Jörg am Tisch des Herrn, und der jüngere Cranach reicht ihm den Kelch.

Luther ist tot. Die Nachrufe auf ihn verhallten. Den Verklärungen und Verketzerungen, die schon zu seinen Lebzeiten überhandgenommen hatten, stand er nicht mehr im Wege; sie setzten sich fort mit allen dazugehörigten Verfälschungen. In Fastnachtspielen trat er als fünfter Evangelist auf oder als Teufelskerl und Siebenkopf. Als Symbol des Heiligen Geistes ließ sich eine Taube auf seinem Haupt nieder, oder sein Schädel trug eine Narrenkappe. Seine Anhänger erhöhten ihn und setzten ihn zur rechten Seite Gottes. Seine Feinde plazierten ihn mitten in einen Ketzerbau, umringt von bösen Geistern und sich bekriegenden Reformatoren; im rechten Arm hält er sein Eheweib Katharina; da taucht sie im Zielquadrat des Spottes noch einmal auf: abtrünnige Nonne, Hure, Hübschlerin.

Was die Nachwelt aus Martin machte, ist ihr kaum noch bekannt geworden. Nur Cranachs Altarbild des Predigers auf der Kanzel kann sie noch gesehen haben, sich selbst ihm gegenüber als junge Frau. Luthers kolossales Standbild zwischen Granitsockel und Baldachin wird erst 300 Jahre nach ihrem Tod auf dem Marktplatz enthüllt werden. Noch später wird die Mosaikschrift den Turm der Schloßkirche umlaufen. Erspart wurden Katharina Kitsch und Schmalz der Lutherverehrung: das aufziehbare, sich um sich selbst drehende Elfenbeinfigürchen, die lebensgroße zusammengestückelte Sitzpuppe in der Marktkirche zu Halle, der sich immer wieder erneuernde Tintenfleck auf der Wartburg.

Von Wittenberg bis Torgau fährt man heute eine gute Autostunde. Für die Wagen und Karren, die im Frühsommer 1552 hier über die Landstraße rollten, war es eine Tagesreise, vorausgesetzt, keine Deichsel oder kein Rad brach, kein Pferd versagte den Dienst. Die Pest hatte wieder einmal die Stadt Wittenberg heimgesucht, die Universität wurde in das ehemalige Barfüßerkloster nach Torgau verlegt.

Die Pest. War die Krankheit erst in ein Haus eingekehrt, blieb kaum einer verschont. Ob man vor dem Sterben fliehen möcht? Stellte sich die Lutherin diese Frage noch? Oder war jetzt sie schwach und konnt nit mehr? Wieder die Angst, den Todeskeim schon im Blut zu haben, wieder die Jagd auf Ratten und Flöhe. Wieder das Räucherwerk mit den Heilkräutern, die Schüsseln mit dem Essigwasser, die Riechäpfel aus Moschus, die gebrühten Blätter der Alraune. Das Läuten der Sterbeglocke. Der heilige Sebastian war taub. Den heiligen Rochus hatte die Krankheit dahingerafft.

Am 6. Juni 1552 machten sich die Professoren und Studenten der Universität auf ins unverseuchte Torgau. Wenig später floh auch die Lutherin. Ihre Söhne Martin und Paul und die Tochter Margarethe waren bei ihr.

Beim Bruch des Wagens kam die Wittbe des seligen Doctor Martinus Luther zu Fall. Beim Bruch des Wagens erlitt des Herrn Doctor Martinus Luther hinterlassene Witfrau einen Beckenschaufelbruch. Beim Bruch des Wagens. Ein Chronist schrieb es vom anderen ab. Es sind zu spärliche Nachrichten, um dem genauen Sachverhalt auf die Spur zu kommen. Das Reisegefährt, das rüttelnde, schwankende Rollwägelchen, hatte bei Martin schon einmal einen haselnußgroßen Nierenstein ins Rollen gebracht, daß er fast im eigenen Wasser ertrunken wäre. Nun ging es zu Bruch. Hat Katharina selbst auf dem Kutschbock gesessen? Hat sie sich wie Lots Weib noch einmal umgesehen nach dem Schattenriß der Stadt am Horizont und hat diesen Rückblick fast mit dem Leben bezahlt? Ging die Fahrt auf unbefestigten Wegen über Wurzeln, Stock und Stein? Regnete es wie zu Noahs Zeiten? Waren die Straßen aufgeweicht? Vielleicht hat auch der älteste Sohn Hans die Seinen aus Wittenberg herausgeholt. Er hatte trotz aller Warnungen seines Vaters die Juristerei betrieben und bekleidete das Amt eines Kanzleirats in Weimar.

Katharina ist in ihrem ganzen Leben nie gereist. Sie ist immer nur geflohen: vor lebenslanger Klosterhaft. Vor

Kriegsgreueln. Vorm Schwarzen Tod: von Nimbschen über Torgau nach Wittenberg. Von Wittenberg nach Magdeburg und zurück. Von Wittenberg nach Braunschweig und zurück. Und jetzt wieder Richtung Torgau. Hinweg, hinweg, es dämmert schon der Tag. Hinter ihr versank das Turmpaar der Stadtkirche, der runde Turm von Sankt Marien, der Horizont über dem Jordan, der einmal voller Engel gehangen hatte.

Die Silhouette Torgaus hat Lucas Cranach auf Jagdbildern gemalt. Sieht man von dem alles überragenden Fernsehturm und den Pylonen der Elbbrücke ab, bestimmen noch immer die Spitztürme des Schlosses und die romanischen der Marienkirche das Weichbild.

Das Fremdenverkehrsbüro vermittelt mir ein Zimmer in der Pension Fährhaus in der Elbstraße. Da habe ich keinen Ausblick auf den Strom; es ist aber nur ein kurzer Fußweg bis ans Ufer zum »Denkmal der Begegnung«. Dort will ich mich nicht lange aufhalten, mein Ziel ist die Katharinengasse.

Ich gerate aber wieder einmal in eine Reisegruppe, eine amerikanische diesmal, die eher an einen Seniorenausflug erinnert. Fast alle Teilnehmer sind alte Herren, Zeitzeugen, wie ich erfahre. Sie waren dabei, als am 25. April 1945 das Licht der Weltgeschichte auf die zur Festung erklärte Stadt Torgau fiel. Sie waren dabei, als der amerikanische Leutnant Robertson und der sowjetische Leutnant Silwaschko sich auf den schmalen Stahlträgern der beiden Brückenteile, die die Elbufer nicht mehr miteinander verbanden, entgegenkrochen, um sich die Hände zu schütteln.

Eine junge Dolmetscherin steht am Aufgang zur neuen Brücke und übersetzt, was einer der Veteranen, einst Colonel der US-Army, sagt. Seine Stimme gehorcht ihm manchmal nicht oder überschlägt sich pathetisch. Man hört, daß er diese Sätze schon oft zitiert und auswendig gelernt hat. Zuerst meint man, er habe hier seinerzeit einem Konzert beigewohnt, einem Open air; von einem milden Frühlingstag erzählt er, Musik habe in der Luft gelegen, scharfe Zittertöne der Balalaika, pneumatische Klänge der Schifferklaviere und in einem nie gehörten Tempo eine Mundharmonika mit den Klangfetzen weltberühmter Operettenmelodien. Die uniformierten Sieger seien sich um den Hals gefallen, hätten sich geküßt und miteinander getanzt und sich gegenseitig Zigaretten angeboten, Wodka, Whisky. Auch Frauen seien dabei gewesen. Eine im Rang eines sowjetischen Majors, die Maschinenpistole am Schulterriemen, habe einen Fliederzweig an die Feldbluse eines amerikanischen Kriegsberichterstatters geheftet und sei ans Ufer zu den gestapelten Leichen deutscher Flüchtlinge marschiert, um auch da einen Fliederzweig niederzulegen.

Passanten gesellen sich zu der Reisegruppe und hören sich an, was der alte Amerikaner erzählt und die Dolmetscherin übersetzt. Von Krieg und Frieden ist die Rede. Von welchen Kriegen, welchem Frieden? Der historische Schwur an der Elbe, so hören wir in beiden Sprachen, habe besagt, daß von Stund an der Friede stärker sein solle als der Krieg, das Leben stärker als der Tod, die Liebe stärker als der Haß. Die Männer von damals hätten sich gewaschen und rasiert oder sich sogar zu einem Bad in den kalten Strom gewagt, nackt nicht mehr als Feinde von gestern oder Freunde von nun an zu erkennen.

In diesem Haus starb Frau Käthe Luther am 20. Dezember 1552. Das steht auf einer Gedenktafel an einem Gebäude in der Torgauer Katharinenstraße 11. Die Straße ist immer noch eine enge Gasse, das Haus eines der besterhaltenen. Die Tür ist verschlossen. Von einem Nachbarn erfahre ich, daß die Nummer 11 nach der deutschen Wiedervereinigung in Privatbesitz übergegangen sei, allerdings mit der Auflage, bis zum 450. Todestag Luthers 1996 einen sechzig Quadratmeter großen, ebenerdigen Raum freizumachen, den die Stadt Torgau anmieten will, um eine Katharina-Gedenkstätte einzurichten. Der Nachbar ist bestens informiert und meint, daß es dann mit der Ruhe in dieser Straße vorbei sein werde, aber Torgau brauche Touristen, die Stadtkassen seien leer. Ein Katharina-Ausstellungsschwerpunkt sei genau richtig, um die Leute hierherzulocken.

»Weiß man auch schon, was man auf den sechzig Quadratmetern aufstellen und an die Wände hängen wird?«

Der Mann geht in sein Haus und kommt mit einer Zeitung in der Hand zurück: »Gestern hat ein Artikel darüber im Lokalteil gestanden. Wenn es Sie interessiert, können Sie es sich durchlesen und die Zeitung dann wieder in meinen Postkasten werfen. Ich muß jetzt zur Arbeit... Teilzeitarbeit, wissen Sie, aber das ist wenigstens was.«

Ich bedanke mich und lese, an die Wand des Sterbehauses gelehnt, was über die geplante Katharina-Gedenkstätte bekannt gemacht wurde. Man will Exponate aus dem Fundus des Reformationsgeschichtlichen Museums Wittenberg hierherholen, Portraits von Katharina vornehmlich, es werde da noch so manches zum Vorschein kommen, was jahrhundertelang in den Magazinen verschwunden war, Darstellungen der Eheschließung vor allem und nicht zuletzt auch Spottbilder auf diese skandalöse Heirat. Bilder von den Kindern und zeitgenössische Ansichten von Wittenberg, dem Kloster Nimbschen und Torgau sollen hier zu sehen sein. Darüber hinaus werden verschiedene Lutherschriften, die inhaltlich zu dieser Gedenkstätte passen, in Glasvitrinen ausgestellt werden. Die Stadt wünsche sich ein lebendiges Museum, das Wissen in unterhaltsamer Form vermittelt. Der Torgauer Geschichtsverein und ein Leipziger Gestaltungsbüro hätten ihre Mitarbeit zugesagt.

Man wird hoffentlich auch eine Kopie des Briefes zeigen, den Käthe nach Luthers Tod an ihre Schwägerin schrieb, als sie weder essen noch trinken und vor lauter Weinen nicht schlafen konnte. Hierher gehörten auch ihre Hilferufe an den allerchristlichsten König von Dänemark und selbstredend ein paar Briefe Luthers an seine sorgfältige Frau, vorlagegetreue Abbilder der Urschriften; *Gnade und Friede in Christo, liebe Käthe. Ich habe, denke ich, Deine Briefe alle erhalten.*

Ob sie in ihrem Sterbehaus lebendig werden wird? Werden hier Kleinode zu sehen sein, an denen sie gehangen hat? Ketten, Ringe, Schenkgroschen, güldene und silberne, ihr rotsamtener Beutel, in dem sie an ihrer Hochzeit rips, raps die zwanzig Gulden verschwinden ließ? Wird man einen hölzernen Kochlöffel, einen Moschusapfel, ja und was denn noch hinlegen wie Muscheln an den Strand, wenn das Meer sich zurückgezogen hat? Es wird Souvenirs zum Mitnehmen geben, Medaillons, Plaketten, Dias, Postkarten, Bilderserien.

Wie Luther im vorigen Jahrhundert, steht in der Zeitung, wird nun auch seine Frau »museal erschlossen«. Du wirst museal erschlosen, Katharina. Wie findest du das? Auf jeden Fall sollen die diversen Vorstudien zur Gestaltung deiner Grabplatte nach Torgau kommen.

Mich wundert es nicht, daß man seinerzeit ihre figürliche Grabplatte in Sankt Marien als unangemessen empfand und daran herummodelte. Wußte man denn, wie sie aussah mit 52 Jahren? Eine Schönheit war sie nie gewesen. Eine Pieta wie auf dem Sockelrelief des Lutherdenkmals in Eisleben schon gar nicht. Ich habe mir viele Bilder von ihr gemacht, habe ein und dieselbe Katharina oft entdeckt: das Schulmaidlein, das tapfer das Regnum mundi singt. Die junge Nonne mit einer Lutherschrift unter der Kutte. Die Abtrünnige in einer Heringstonne, darin sie bequem hocken konnt. Das geduldige Modell für Cranachs Hochzeitsbild. Die Leute zeigten mit Fingern auf sie. Von nun an ist sie nur noch neben Martinus zu finden. Und ist immer in Bewegung in diesen langen, unpraktischen Röcken, die gerafft werden mußten. Baut und braut lieber, als daß sie liest, gärtnert lieber, als daß sie lernt, umarmt ihren Martin lieber, als daß sie betet. Sitzt, wie er heimkommt, schwarz verkleidet auf einem Stuhl: Unser lieber Herrgott ist gestorben, weint, als sei es ganz und gar aus mit seiner Güte. Steht weiter vom Bette um der Traurigkeit willen. Die Brieflesein Katharina tritt ans Fenster in Vermeers heiterem Licht: Es geht ihm gut, der Stein ficht ihn gottlob nicht an. Auf einem Wagen fährt die Wittbe dem Leichenzug entgegen. Auf ihrer letzten Fahrt geht der Wagen zu Bruch. Bilder aus der Lutherzeit, freigelegt unter diversen Putzschichten.

Und zu guter Letzt? Hat man sie nach dem Unfall zunächst ins Spital zum Heiligen Geist gebracht, das neben Pesthaus, Kirche und Friedhof in der Spitalstraße stand? Oder fand sich in der von Flüchtlingen übervölkerten Stadt rasch diese Bleibe in bescheidener Wohnlage? »Am Sack« hieß die Gasse, ehe man sie viel später nach Katharina benannte und am Haus Nr. 11 die Gedenktafel anbrachte: HIER STARB FRAU KÄTHE LUTHER ... an den Folgen eines Beckenschaufelbruchs. An den Folgen eines langen Siechenlagers. Sie starb mit 52 Jahren. Das war ein hohes Alter für die damalige Zeit, wo niemand sich eines langen Lebens gewärtigen konnte. Bis zuletzt versicherte ihr König Christian von Dänemark seine gnädigste Zuneigung und übersandte auch fürder Luthers Jahressold. Das war zum Leben zuwenig und zum Sterben zuviel. Es ist anzunehmen, daß der reiche Freund Lucas Cranach sich hilfreich zeigte und daß andere Anhänger Luthers Pauls medizinische und Martins theologische Studien ermöglichten, denn die jüngeren Lutherkinder hatten durchaus hochwohlgeborene Herren zu Gevattern.

HIER STARB FRAU KÄTHE. Willkommen, lieber Tod, was suchst du hier? Weißt du nicht, wen ich bei mir habe? Ich wüßte gern, ob die Lutherin bis zum Schluß unverwirrt war und sich des Wortes getrösten konnte.

Dankbar für den kleinsten Hinweis, konstatieren wir, daß die 18jährige Tochter Margarethe ihre Mutter pflegte. Hatte Katharina darüber hinaus den besseren Sorger, dem Martin so unendlich vertraute? *Was erschreckst du mich, weißt du nicht, daß du, Tod, überwunden und du, Tod, gar tot bist?* Primaten unter den Worten. Von ihnen stammt die Lutherin ab.

Konnte die Kranke noch einmal aufstehen, ein paar Schritte laufen, sich an den Tisch setzen, Briefe schreiben? Erschien ihr, als ihr am allerbängsten um das Herze war und Trübsal und Verzweiflung überhandnehmen wollten, der zum Bilde, den Martin in die Kirche zurückholen wollte? Margarethe drückte ihr die Augen zu. Zog ihr den Ring vom Finger. Vorbei die Lähme, die Wehtage. Die Sterbeglocke läutete.

Ich gehe stadteinwärts nach Sankt Marien, die auch hier gemeinhin Stadtkirche genannt wird. Ein Plakat am Portal wirbt um Sänger und Sängerinnen für die Johann-Walter-Kantorei, vor allem Altstimmen werden gesucht. An einem Opferstock steht zu lesen, daß Spenden für eine moderne Höranlage erbeten werden, die bisherige sei veraltet.

Zur Zeit finden keine Führungen statt. Nur ein paar Pfadfinder stehen vor Lucas Cranachs Altartafel mit den vierzehn Nothelfern. Der Gruppenleiter muß seine Erklärungen sehr laut abgeben, weil gerade die Orgel gestimmt wird. Über lang angehaltenen Baßtönen bewegen sich andere Stimmen und weichen in entfernte Tonarten aus. Man hört den Pfeifenwind ein- und ausströmen, hört Metallzungen aufschlagen.

Luther thront durchsichtig und unübersehbar in einem Glasfenster. Sitzt geschnitzt im Bogenfeld der Kanzel. Ich suche Katharinas Epitaph, der jetzt im Südchor zu finden sein soll, ursprünglich hat er woanders gestanden. Die Gruft unter dem Chor, wo der Sarg steht, ist nicht zugänglich. Katharinas Grabplatte ist nicht in den Fußboden eingelassen, die Tote keine in Bronze gegossene Liegefigur mit geschlossenen Augen und gefalteten Händen, über die man hinweggehen könnte. Sie steht vielmehr hoch aufgerichtet und lebensgroß an der Wand.

Das gemeißelte Bild tritt nur allmählich aus dem Halblicht. Die tief in die Stirn gezogene Witwenhaube und ein aufgestelltes Schultertuch umrahmen das Gesicht so eng, als sei sie zeitlebens eine Nonne geblieben. Ihr faltenreicher Mantel aber ist pelzbesetzt. Ihre Augen, die doch schmal und schräg geschnitten waren, sind kugelrund und glasig, als wollten sie gerade brechen. Man möchte ihr diese Augen zudrücken. Wer um Himmels willen hat sie so zugerichtet? Bemalt und pausbäckig, mit Doppelkinn hat das Steingesicht nicht die mindeste Ähnlichkeit mit einem der Cranach-Portraits, die auch nicht eben geschmeichelt waren.

Meine Broschüre belehrt mich, daß man sich offenbar schwer getan hat mit Käthens Epitaph. Ihre ursprüngliche figürliche Grabplatte wurde als unangemessen empfunden und deshalb 1617 neu instandgesetzt. Aber wenn man ihr da auch mit Hammer und Meißel und Farbe zu Leibe rückte, die Lutherin ist nicht daraus geworden. Nur ihre Hände, die nicht gefaltet sind, sondern ein aufgeschlagenes Buch ans Herz drücken, diese Hände sind ihr angemessen: *Ich weiß nit bessres denn was da geschrieben.* Das hätte man als Umschrift einmeißeln sollen. Oder: *Es bezieht sich doch alles in diesem Buch auf mich.* Worte, die man ihr nicht in den Mund gelegt, die Luther aufgezeichnet hat: *Lies Du liebe Käthe das Evangelium des Johannes, davon Du mir einmal sagtest, es sei doch alles in diesem Buch von Dir gesagt.* Die schwer zu entziffernde Umschrift auf dem Epitaph besagt, daß ANNO 1552 DEN 20. DEZEMBER IN GOTT SELIG ENTSCHLAFEN sei ALLHIE ZU TORGAU HERRN DOKTOR MARTIN LUTHERS SELIG HINTERLASSENE WITTBE KATHERINE. Von den gotischen Buchstaben bröckelt die Farbe.

Vielleicht hat es auch um Katharinas Leiche Streit gegeben. Setzt man sie in der Schloßkirche bei, die Luther eingeweiht und in der er oft gepredigt hat, oder in der Marienkirche, die bis 1525, bis hier das neue Evangelium verkündet wurde, dem Patronat des Zisterzienserinnenklosters Mariathron in Nimbschen unterstand? Für ein staatliches Leichenbegängnis sorgten die Torgauer Ratsherren. Fürsten, Bischöfe, Stadtoberhäupter und viel Volks gaben des Herrn Doktor Martin Luthers selig hinterbliebener Wittbe das letzte Geleit. Groß Greinen und Wehklagen wird es nicht gegeben haben. Wer außer ihren Kindern weinte ihr eine Träne nach? Ewige Messen für ihr Seelenheil wurden nicht mehr gelesen. Sang man Lutherlieder bei der Trauerfeier? *Ach Gott im Himmel, sieh da rein, und laß dich des erbarmen.* Johann Walter war Kantor in Sankt Marien, ein armer, geringer, unwürdiger Schüler der Musica, wie er sich selbst bescheiden nannte, ein meisterlicher Organist und Chorleister und treuer Freund Luthers, ohne dessen Rat und Kompositionen die Wittenberger Nachtigall nur halb so schön hätte singen können.

Der Orgelstimmer zieht sanfte Register, Flöten, Streicher, Gedackte. Dabei ändert er dauernd die Lautstärke. Zwischendurch greift er in die Tasten und tritt die Pedeale, prüft die Mixturen, Posaune, Trompete, Rohrschalmei und die Vox humana. Es fehlt an Chorstimmen. Es fehlt Käthens Altstimme. Das Buch in ihren Händen ist das Geistliche Gesangk Buchleyn. *Ihr Seufzen dringt zu mir herein, ich hab ihr Klag erhöret.* Die unwiderstehlich zärtliche Kraft dieser Sprache. Martin hat hier mehr als zwanzigmal gepredigt und sich eine Stimme gewünscht, wie Jünger sie haben. Und er war ein großer Sänger vor dem Herrn. Ohne robuste Kehle, meinte er, tauge der beste Priester nichts. Er sang hier seine eigenen Lieder und die vielstimmigen des Kantors Johann Walter: *Wach auf, wach auf, du deutsches Land,* die Stimmen umspielen und vertauschen sich, *du hast genug geschlahahahafen.* Die Orgel holt tief Luft, Martin hätte seine hinterlassene Witwe Kathrine auf ihrem Epitaph auch nicht wiedererkannt. Man sollte ihren Kopf ins rechte Licht drehen, um die Ähnlichkeit der Züge zu prüfen. Die Augen waren nachweislich schräg geschnitten. Es muß nur herausgemeißelt werden.

Im Mittelschiff haben sich die Pfadfinder auf den vordersten Bänken für Schwerhörige niedergelassen. Der Gruppenführer sagt, neben der Sakristei habe man unter diversen Putzschichten Reste einer Wandmalerei aus der Lutherzeit freigelegt. Er sagt: Auf der Rückseite eines Nebenaltars deuteten die Initialen L. K. darauf hin, daß der Stifter dieses Altars der Torgauer Ratsherr Leonard Koppe gewesen sei, dessen Entführung der Nonnen aus Nimbschen seinerzeit soviel Aufsehen erregt habe. Der Orgelstimmer bringt Zungen- und Lippenpfeifen zum Schwingen. Er intoniert jetzt das Agnus Dei.

Die erste Führung dieses Tages beginnt. Eine Busbesatzung stürmt die Kirche. Ein Mann steckt seine Zigarettenkippe in den Schlitz des Opferstocks. Ein anderer zieht die Blechlasche seiner Bierdose auf. Das gute Torgauer Bier spritzt auf die gestapelten Gesangbücher. Eine Frau weiß nicht, wohin mit ihrem Pudel, und bleibt zögernd am Eingang stehen. Welcher der vierzehn Nothelfer ist für Touristen zuständig? Ein Ordnungshüter komplimentiert die beiden Herren und die Dame mit dem Pudel höflich hinaus; sie mögen bitte sehr ohne Bier und Zigaretten wiederkommen, den Pudel könne man an einem eigens dafür vorgesehenen Pflock an der Kirchmauer anbinden. Aber der Raucher, der Biertrinker und die Hundehalterin verzichten darauf zurückzukommen.

Wenn die Orgel gestimmt sein wird, werden in Sankt Marien wieder Gottesdienste und Konzerte stattfinden. Die Johann-Walter-Kantorei wird singen. Wir hier unten sind so heiser nicht. *Ach laß Dir mein Lallen allergnedlich wohlgefallen.*